いまはなき名店に学ぶ！

水野仁輔の

まぼろしカレー

JN097899

山と溪谷社

はじめに

　おいしいカレーを作りたい。誰もがそう願っています。でも的確にアドバイスしてくれる人はなかなかいません。だから、レシピ本を買うことになる。ほら、本書を手にしている皆さんがそうであるように。

　おいしいレシピとの出会いは、あなたのカレーライフを充実させてくれるでしょう。でも、それだけでは僕は満足できません。人の味覚は十人十色。誰かにとって抜群にうまいレシピも他の誰かにとってはイマイチな場合が多々あります。すべての人にとっておいしいレシピなんて、ろくなもんじゃないと僕は思います。

　じゃあ、どうしたらいいのか。偶然なるレシピとの遭遇を期待するのではなく、レシピから基本的な考え方や応用できるテクニックを身につけてほしい。僕は多くをカレーの名店から学びました。店主が教えてくれたわけではありません。通って食べて想像するんです。このカレーはなぜおいしいんだろう？　何かを見つけたら、次に考えることは、これです。よし、自分のカレーに使ってみよう。

　おいしいカレーには、必ず理由があります。あふれ出る個性には、必ずヒントが眠っています。それさえつかめば、もうこっちのもん。それを皆さんに伝授します。

　まぼろしカレーは、名店の再現レシピではありません。僕にとっては大好きだった名店へのオマージュであり、みなさんにとっては名店のエッセンスを自分のカレーに応用するためのレシピです。おいしさの秘訣を本書で習得し、自分で作るカレーに魔法をかけてみませんか？

本書の使い方

本書で紹介するレシピは、一部例外がありますが基本的に見開きで構成しています。

── レシピの見方 ──

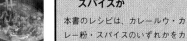
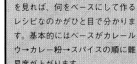

❶ カレールウかカレー粉か　スパイスか

本書のレシピは、カレールウ・カレー粉・スパイスのいずれかをカレーのベースにしています。ここを見れば、何をベースにして作るレシピなのかがひと目で分かります。基本的にはベースがカレールウ→カレー粉→スパイスの順に難易度が上がります。

❷ 材料を表示　写真で分量感も分かる

レシピに使用する材料を紹介しています。各材料をバットにまとめた写真もあるので、おおまかな分量感を把握することもできます。

作り方

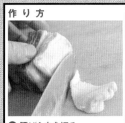

❶ 豚ばら肉を切る

豚ばら肉は、表面の水気をキッチンペーパーでふき取る。大きめに切り分け、脂身を取り除く。

❸ プロセスを　順を追って解説

出来上がりまでのプロセスを写真とともに順を追って解説しています。文中のアンダーラインを引いた部分は大事な調理工程。ここを覚えればすべてのレシピで応用が利くようになるので、ぜひ覚えてください。

成功の鍵

❺ 豚ばら肉を裏返す

きっちり焼き色がついたら裏返して中火にし、肉の表面全体にしっかりと焼き色がつくまで炒め、余分な脂分を出す。

❹ 差がつくポイント　「成功の鍵」

出来上がりの味を左右する重要なプロセスは、「成功の鍵」として目立たせて表示しています。特に注意して取り組んでください。

── 調理のポイント ──

計　量・大さじ1は15ml、小さじ1は5ml、1カップは200mlです。

材　料・玉ねぎは1個200g、にんにくは1片約10g、しょうがは1片約10gを使用しています。
・カレールウはメーカーによって1皿分の分量が異なるので、メーカー表示の皿数のグラム数に従って使用してください。
・本書では、材料に塩を振ってうま味を引き出す「脱水」をポイントにしています（参照P94「家ポークカレー」）。頻繁に塩を使うため、玉ねぎや肉類に振る塩は、基本的に分量外です。

道　具・鍋（フライパン）は厚手のものを使用するのがおすすめです。本書では、直径21cm、深さ8.5cmの鍋を使用しています。

火加減・火加減の目安は、強火が「鍋の底に炎が勢いよく当たる程度」、中火が「鍋の底に炎がちょうど届く程度」、弱火が「鍋底に炎がギリギリ当たらない程度」です。

CONTENTS

第 1 章

イギリスを経由した
誇り高きニッポンカレーの王道

欧風カレーの
名店編

1

豚ばら肉のカレー

M'S CURRY
インスパイア

商店街の片隅に潜む
ポークカレーのお手本

あの豚肉はなぜやわらかくておいしいのだろう?
肉を煮込むコツは、意外と単純なことにあった

やわらかく煮込まれた豚の塊肉に心が躍った日々は、もう20年近く前のことである。笹塚の商店街にあった「M'S CURRY」で食べる甘辛いポークカレーは、豚角煮をデミグラスソースでコーティングしたような味わい。掟破り感がハンパじゃなかった。

カウンターだけの狭い店で、寡黙なマスターは、何かにつけて調理場にしゃがみ込み、床下の小さな倉庫から仕込んだ料理やら材料やらを取り出していた。まるで秘密の道具でもかくしてあるかのようにそそくさと。やわらかい豚肉の正体は、あの倉庫に眠ってるんじゃないかと思ったほどだ。

やがて僕は、"カレーにおける煮込みの研究"に手を出すことにした。真っ先に使った道具は圧力鍋である。あっという間に塊肉がとろっとする。しばらく夢中になったが、風味が落ちてしまうのが気になって圧力鍋への熱は冷めた。親のかたきのように5時間、6時間と煮込み倒してみたら、肉から味は抜け、パサパサとした食感だけが残って寂しくなった。地獄谷の熱湯温泉よろしく強火でボコボコとさせながら煮込んだら、肉は信じられないほど硬くなってしまった。肉を煮込むという調理がこれほど難しいものだとは。

いっそのこと、自宅のキッチンの床に穴を開けて、煮込んだ豚肉を熟成させてみようかしら……。気を取り直して実験を繰り返した僕がたどり着いた結論は、弱火で優しく適度な時間煮込むのが一番うまくなる、という至極単純なものだった。

肉の煮込みは、弱火で、優しく、ていねいに。
単純だが基本中の基本

火を弱めれば肉はやわらかくなり、火を強めれば肉は硬くなる。これが鉄則。多くの人が誤解していることだが、肉の表面を焼いてもうま味は閉じ込められない。長時間煮込みすぎれば肉の味はソースに出ていく一方になる。じっくりていねいに煮込む。でも煮込みすぎない。一度冷めたカレーを温めるときも強火は禁物と考えよう。

豚ばら肉のカレー

こんがりと焼いた三枚肉を使った
煮込み料理をカレーに

材 料 (4人前)

豚ばら肉……700ｇ
　(脂を取り除いて600ｇ程度)
長ねぎ……1本
■ 煮込み用のたれ
　しょうゆ……大さじ1
　しょうがのしぼり汁……大さじ1
　梅酒……大さじ1
　ごま油……小さじ1
カレールウ……3皿分
植物油……大さじ1
水……500㎖

作 り 方

❶ 豚ばら肉を切る

豚ばら肉は、表面の水気をキッチン
ペーパーでふき取る。大きめに切り
分け、脂身を取り除く。

❷ 豚ばら肉に塩、こしょうを振る

塩、こしょう少々(分量外)を振っ
て、豚ばら肉にもみ込む。

❸ 長ねぎを切る

長ねぎは青い部分と白い部分を切り
分け、白い部分は 5㎝幅に切る。

❹ 煮込み用のたれを作る

しょうがをすりおろし、手で握って
しぼる。ごま油、梅酒、しょうゆを
加えて混ぜる。

❺ 豚ばら肉を炒める

鍋に植物油を入れて、豚肉を脂身の
面を下にして並べ、強火にかける。
脂身の面に焼き色がつくまで裏返さ
ず、じっくりと焼きつける。

成功の鍵

❻ 豚ばら肉を裏返す

きっちり焼き色がついたら裏返し
て中火にし、肉の表面全体にしっ
かりと焼き色がつくまで炒め、余
分な脂分を出す。

❼ 脂分をふき取る

弱火にして脂分をキッチンペーパーでふき取る。**鍋についた焦げはうま味の素なので、取らないよう注意**しよう。

❿ たれを加える

❹の煮込み用のたれを加える。

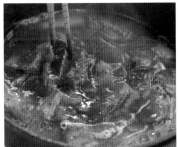

⓭ カレールウを溶かし混ぜる

火を止めてカレールウを溶かし混ぜる。菜箸でカレールウをはさみ、鍋の中で振るようにして溶かすといい。**【カレールウの溶かし方☞ P97】**

❽ 長ねぎの　白い部分を加える

弱火のまま長ねぎの白い部分を加え、サッと炒め合わせる。

⓫ アクを取る

アクは、まず味見をしてみる。肉質によってアクの味が違うので、**まずくなければ取る必要はない**。

⓮ 弱火で煮込む

再び弱火で加熱して、ほどよいとろみがつくまで煮込む。

成功の鍋

❾ 水と長ねぎの　青い部分を加える

強火にして鍋の中の温度をなるべく下げないように、水を3回に分けて加えてそのつど煮立てる。長ねぎの青い部分も入れる。

⓬ ふたをして煮込む

ふたをして**弱火で45分煮込む**。煮込んだら、ねぎの青い部分を取り除く。

赤ワイン仕込みのビーフカレー

2

らぐ
インスパイア

大通り沿いの小さな名店
西洋の香り漂う魅惑の味

赤ワインを使うとカレーがおいしくなる
理由はマリネによって生まれる風味にあった

賑やかな六本木交差点を越えて六本木通りを下りきった辺りに静かなエリアが現れる。その一角に「らぐ」はあった。店主の名は山本さん。学生時代に近くでアルバイトをしていた僕は店先の看板に"カレー"の文字を見つけて何気なく入店。その日をきっかけに山本さんのカレーを食べる日々が始まった。

「らぐ」という耳慣れない言葉の由来は、「フランス語で煮込みを意味するラグー（ragout）から取った」と山本さんから聞いた覚えがある。確かに「らぐ」には、らぐライスというメニューがあった。よく煮込まれたデミグラスソースをご飯の上にかけたような一品で、それはもうスプーンを持つ手が止まらなくなるほどうまかった。一方、カレーには赤ワインの風味を感じた。ワインの味も知らないほど若かった僕は、それを山本さんに確認することはなかったけれど。

赤ワインで煮込んだカレー、というフレーズは、世の中に氾濫している。でも僕は釈然としなかった。その意図を明快に答えてくれる人が誰もいなかったからだ。なんとなく本格的というだけでは天邪鬼な僕が納得できるはずがない。まもなく出会ったのは、ブッフ・ブルギニョン。牛肉を赤ワインでマリネして煮込むフランスの家庭料理だ。それをきっかけに、赤ワインの風味がカレーの味を豊かにしてくれることを僕は知った。僕なりにたどり着いた結論である。

山本さんがこれを食べたら、「赤ワインは使ってないよ」と言うかもしれないけれど。

肉が赤ワインを吸収。
上手にマリネするコツは
時間をかけること

牛肉を赤ワインでマリネしたカレーを食べると、その風味に驚くはず。風味はソースにではなく、牛肉の中に残っているからだ。牛肉の塊を口に運び、かみしめたときに鼻腔からワインの風味が抜けていく。香味野菜の風味も大切だ。きっちり仕事をした赤ワインは、濁った部分と水のような部分とに分離する。これがマリネ完了の合図である。

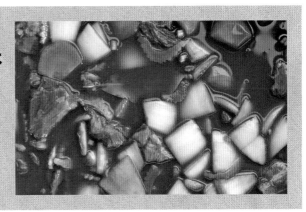

赤ワイン仕込みの
ビーフカレー

牛肉のコクがじんわり溶け出した
"肉を食べる"カレー

材 料 (4人前)

牛すね肉(もしくははばら肉)……600ｇ

玉ねぎ……1個

にんじん……1本(150ｇ)

セロリ……1本(50ｇ)

にんにく……1片

カレールウ……4皿分

オリーブ油……大さじ2

赤ワイン……500mℓ

水……500mℓ

ローリエ(あれば)……1枚

作 り 方

❶ 牛すね肉を切る

牛すね肉は表面の水気をキッチンペーパーでしっかりふき取り、大きめのひと口大に切ってバットに移す。

❷ 玉ねぎ、にんじんを切る

玉ねぎ、にんじんは皮をむいて2～3cm角ほどの大きさの乱切りにし、❶のバットに移す。

❸ セロリをスライスし、
　 にんにくを潰す

セロリはスライスし、にんにくは皮をむいて包丁の腹で潰す。どちらも❷のバットに移す。

❹ 赤ワインを加える

❸のバットにローリエを加えて赤ワインを注ぐ。

成功の鍵

❺ 具材をひと晩漬け込む

❹のバットにラップをかけて余分な空気を抜き、ひと晩おく。

❻ 牛すね肉を取り出す

菜箸で牛すね肉だけをバットから取り出し、ザルに上げて水気をしっかり切り、塩、こしょう少々(分量外)を振る。

❼ 野菜と赤ワインとを分ける

❻のバットから野菜をザルに上げ、水気をしっかり切る。にんにくは別に取り分けておく。

成功の鍵

❿ 赤ワインで煮る

鍋に赤ワインを加えて**強火で煮立て、アルコール分を飛ばす。赤ワインは2～3回に分けて加え、そのつど煮立てる。**

⓭ 弱火で90分煮込む

ふたをして弱火で90分煮込む。さらにアクが出ていたら取る。

❽ 牛すね肉を炒める

鍋にオリーブ油を入れて強火で熱し、牛すね肉を表面全体がこんがりと色づくまで炒め、❼のザルにあるローリエと一緒に取り分けておく。

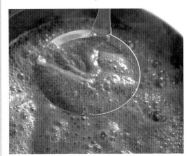

⓫ アクを取る

アクが出てきたら、取る。

⓮ カレールウを溶かし混ぜる

火を止めて1～2分おき、カレールウを溶かし混ぜる。カレールウが溶けたら再び加熱し、ほどよくとろみがつくまで弱火で煮込む。

❾ にんにくと野菜を炒める

❽の鍋に❼のにんにくを加え、中火で香りが立つまで炒める。さらに残りの野菜も加え、玉ねぎがしんなりするまで炒める。

⓬ 牛肉とローリエを戻し、水を加えて煮立てる

鍋に❽の牛すね肉とローリエを戻し、水を加えて強火で煮立てる。

濃縮ドライキーマカレー

ストック
インスパイア

64年間、愛され続けた濃縮キーマカレー

ひき肉を煮詰めるという調理法は驚きのコクとうま味を醸し出す

キーマカレーといえば、ほとんどの人が思い浮かべるのは、汁気のないジュクジュクしたペーストのようなカレーだろう。「ストック」のカレーはその期待を裏切らない一品だった。ミートソースじゃないかと思うようなカレーソースが白いライスの上にこんもりと盛られている。赤い福神漬けをどっさり添えて混ぜながら食べるのが好きだった。

恵比寿駅を出てすぐの場所にあった「ストック」は、老夫婦が切り盛りしていた。昭和21年創業というから、僕が知ったのは長い年月を経たその晩年ということになる。だからなのか、いつ行ってもぶれない安定感があった。老舗にしか提供できない味だ。

キーマはヒンディー語でひき肉を意味するからソースの形状はドロドロでもサラサラでもキーマなのだけど、とろみが強いほうがうまいのは、ひと言でいえば"煮詰めているから"である。一時期の僕は、カレーを作っては、時間をかけて火入れをし、水分を飛ばして煮詰め、味を濃縮させていた。こういうのを"馬鹿の一つ覚え"というんだろう。何にしろ、うまくなるんだから文句はない。

閉店後、しばらく「ストック」のシャッターには一枚の貼り紙があった。「これまでに楽しい事や悲しい事いろいろな出来事が思い出され……」というフレーズに、64年に及ぶ店主の思い出が凝縮されているような気がした。きっとあのキーマカレーのように味わいの詰まった日々だったに違いない。

煮詰めるという行為は水分を飛ばして味を凝縮させること

ふたを開けて加熱を続けると、鍋の中の水分が蒸気となり、外へ逃げていく。これが、カレーの味を深めるための「煮詰める」プロセス。水分が飛んだ後、鍋の中にはひき肉の脂分がにじみ出たように現れてくる。この状態を煮詰め終わりの目安にしよう。煮詰める前と比べてカレーの総量は減るが、濃縮された分だけ味わいは強くなり、贅沢なカレーになる。

濃縮ドライ
キーマカレー

水分を完全に飛ばして作る
食べごたえのあるキーマカレー

材　料（4人前）

牛ひき肉……200g
豚ひき肉……250g
玉ねぎ……1個
グリーンピース……100g
にんにく……1片
しょうが……2片
梅干し……1個
カレー粉……大さじ2
塩……小さじ½
みそ……小さじ1
植物油……大さじ2
水……200㎖

作り方

❶ 玉ねぎを切る

玉ねぎは芯を落として皮をむき、みじん切りにする。

❷ にんにく、しょうがを
　すりおろす

にんにくとしょうがは皮をむいてすりおろし、100㎖の水（分量外）と合わせてジュースにする。おろし金のすりおろしの残りを洗い落としながらボウルに水を注げば、むだなく使い切れる。

❸ 梅肉を包丁でたたく

梅干しは種を取り除き、梅肉を包丁でたたく。

❹ 玉ねぎを炒める

鍋に植物油を入れて強火で熱し、玉ねぎを加えて塩少々（分量外）を振り、ほんのりきつね色になるまで炒める。

❺ にんにくとしょうがの
　ジュースを加える

強火のまま、鍋に❷のジュースを加える。加えた後は、鍋を振って全体を混ぜ合わせる。

❻ 十分に水分が飛ぶまで
　具材を炒める

強火のまま、❺を水分が完全に飛んでねっとりするまで炒める。

成功の鍵

❼ 豚ひき肉を炒める
強火のまま鍋に豚ひき肉を加え、かき混ぜながら肉の表面に脂が浮いてくるまで炒める。

成功の鍵

❽ 牛ひき肉を炒める
強火のまま鍋に牛ひき肉を加え、かき混ぜながら肉の表面に脂が浮いてくるまで炒める。

❾ カレー粉と塩を加える
中火にしてカレー粉を加え、塩を振る。カレー粉の粉っぽさがなくなるまで、具材とからめながら炒める。

❿ 梅肉とみそを加える
中火のまま❸の梅肉とみそを加え、かき混ぜながら炒める。

⓫ 水を加えて煮立てる
中火のまま水を加え、煮立てる。

⓬ グリーンピースを加えて煮る
中火のままグリーンピースを加えて15分、ふたをせずに煮る。

⓭ 水分が飛ぶまで煮詰める
中火のまま、水分が完全に飛んでねっとりするまで煮詰める。

ビターズ
インスパイア

記憶の彼方に消えた 幻の香味カレー

苦いカレーと香ばしいカレーは違う
味に深みを生む王道のテクニック

その店は、突然現れて、突然消えた。少なくとも僕の印象はそうだった。日本一のカレー激戦区、神保町から御茶ノ水方面に坂を上った右手に「ビターズ」はあった。当時の僕はあの辺りを庭のようにうろついていたから、カレーの新店はすぐ目に留まる。一発目から、「これは好きな味だ！」と思ったのを覚えている。でも、味の詳細がどうしても思い起こせないのだ。何度か通ったがいつのまにか閉店。営業していた期間はそれほど長くなかったように思う。

名前を「ビターズ」とつけたくらいだから苦いカレーなのかと思いきや、苦くはない。その代わり、やたらと香ばしかった。ステーキを焼いたときに漂うあの食欲をそそるフレーバー。あの香ばしさが何かしら作用してカレーの味が奥深く感じられる。香味と味の深みの不思議な関係について、しばらく考えた。

香ばしくするために必要な調理プロセスは、火を入れることだ。煮たり炒めたりしても火は入るけれど、焼くのが最も簡単だ。そうか、カレーを焼けばいいんだな。自宅にあった食べかけのカレーをご飯にかけ、オーブンで焼いてみた。冷めて身を潜めたカレーの香りが一気によみがえる。しかもまるで別のカレーに生まれ変わったようだった。

カレーを焼くのはズルい行為である。焼けば「ビターズ」の味を追体験できるわけではないが、焼けばカレーに奥深い味が加わることは約束できる。僕にとっては消えゆくカレーの幻影を探るための儀式でもある。

焼くことの狙いは
もともとの香りを飛ばし
新しい香りを生むこと

カレーを焼くためには、かなり高い温度が必要となる。スパイスの香りは温度が高すぎると飛んでしまうが、焼くことにより、香ばしい "別の香り" がカレーに備わる。チーズのコクやハーブの香りを加えるなど工夫を凝らし、新しいカレーを作るような感覚でオーブンに入れよう。翌日に残ったカレーは、焼くことで前日とは別のおいしさを楽しめるのだ。

翌日の焼きカレー

ご飯とカレーを混ぜ、オーブンで焼く チーズと半熟卵がアクセント

材　料（4人前）

鶏手羽中……12本
じゃがいも（男爵）……3個（300ｇ）
玉ねぎ……1個
ローズマリー……4枝
ライス……4皿分
卵……4個
ピザ用チーズ……適量
カレールウ……4皿分
しょうゆ……大さじ1
植物油……大さじ1
水……500㎖

作 り 方

❶ 玉ねぎをスライスする

玉ねぎは芯を落として皮をむき、薄くスライスする。

❹ 玉ねぎを炒める

鍋に植物油を入れて強火で熱し、玉ねぎをほんのり色づくまで炒める。

❷ じゃがいもを切る

じゃがいもは皮をむき、4等分に切る。

❺ 鶏手羽を炒める

強火のまま鶏手羽を加え、表面全体が色づくまで炒める。

❸ 鶏手羽に塩、こしょうを振る

鶏手羽は塩、こしょう少々（分量外）を振る。

❻ じゃがいもを炒める

強火のままじゃがいもを加え、全体に油がいきわたるようサッと混ぜ合わせる。

❼ 水を加えて煮立てる

水を3回に分けて加え、強火でそのつど煮立てる。【水の煮立て方☞P97】

❿ じゃがいもを潰す

火を止めたまま、じゃがいもをへらで鍋の側面に押しつけて潰す。

⓭ 耐熱皿に盛り、卵、チーズ、ローズマリーを乗せる

耐熱皿に⓬を盛る。中央に卵を割り落として上からチーズをのせ、ローズマリーを添える。黄身がはぜないよう、黄身の上にもしっかりチーズをのせる。

❽ 弱火で40分煮込む

ふたをして弱火で40分煮込む。

⓫ カレールウを加えてから加熱する

沸騰がおさまってからカレールウを加える。カレールウが溶けたら再び弱火で加熱し、ほどよくとろみがつくまで煮る。

成功の鍵

⓮ オーブンで焼く

⓭を250℃に予熱したオーブンで、表面がこんがりとするまで10〜12分焼く。

❾ 鶏手羽の骨を外す

火を止めて鶏手羽を取り出し、骨を外す。身は鍋に戻す。

⓬ しょうゆとライスを加える

火を止め、しょうゆを加えてサッと混ぜ合わせ、ライスを加えてさらに混ぜ合わせる。

白身魚のココナッツカレー

プティフ
インスパイア

複雑濃厚なカレー
味の決め手はかくし味

何でもありなようだが正解はある
かくし味の選び方と使い方は間違いだらけ

東京・本郷の東京大学付近は、カレー激戦区である。老舗のカレーにインド料理店の本格カレー、喫茶店のカレーなど狭いエリアでバラエティ豊かなカレーが楽しめる。そんな一角に「プティフ」はあった。東京の欧風カレーカルチャーを生み出した名店、神保町「ボンディ」の流れをくむ店だということは昔から知っていたから、安心して通える店だった。

あのカレーは、危険な味だ。ひと口食べればパンチ力のあるうま味に心奪われ、ふた口食べると複雑な風味に脳が揺さぶられる。きっちりと主張する甘味に目を細めた直後、口の中はピリピリとする。混乱を鎮めるかのごとくご飯を口に運ぶと、米と米の合間に溶け込んだチーズにノックアウトされる。

おいしさの決め手はかくし味に違いない。そう確信があった僕は、カレーになんでもかんでも入れてみた。終わりなき実験だった。チョコレートは主張が強すぎるし、コーヒーの苦みはカレーに合わない。しょうゆやソースでは狙いと別の味になってしまう。「プティフ」の甘味はフルーツだと目星をつけた。りんごは悪くないがバナナはまずかった。イチゴジャムはだめだけど、マーマレードや桃缶はイケる。ただ、フルーツの香りは時にカレーの風味の邪魔をすることも知った。

気が遠くなるほどの実験を繰り返してわかったことがある。かくし味は、かくさなければいけない。必要最低限の種類にしぼって必要最低限の量だけ使う。これは重大な気づきだった。

ジャム、バター、
唐辛子、にんにく
４種の神器でうまくなる

ジャムの甘味、バターのコク、唐辛子の風味と辛味、にんにくの香味。この４点セットは、カレーをおいしくする要素がバランスよくそろい、かつメインの味を邪魔しない万能のかくし味だ。「かくし味はかくして使え」が鉄則。"過ぎたるは猶及ばざるが如し"。食べた人に「ジャム入れたね？」と指摘されたら失敗だということを肝に銘じて。

白身魚の
ココナッツカレー

4つのかくし味でマイルドに
仕上げるココナッツカレー

材　料 (4人前)

たら(白身魚)……4切れ(400ｇ)

玉ねぎ……1個

にんにく……2片

唐辛子……2本

カレー粉……大さじ2

バター……30ｇ

オレンジマーマレード……小さじ2

塩……小さじ1

ココナッツミルク……300㎖

水……100㎖

タイム(あれば)……1枝

 豆知識

かくし味のジャムにも相性が

ジャムの役割は、甘味と香りをつけること。香りはフルーツによって千差万別。柑橘系のジャムなら香りが増幅し、酸味が強いものなら味が引きしまる。また、甘味が強いジャムほどおいしさを増幅してくれる。好みに応じて使い分けをしたい。

作り方

❶ にんにくを潰す

にんにくは包丁の腹で潰して皮をむく。

❷ 玉ねぎをスライスする

玉ねぎは芯を落として皮をむき、薄くスライスする。

❸ たらを切る

たらはひと口大に切る。

成功の鍵

❹ バターでにんにく、
　唐辛子を炒める

鍋にバター、にんにく、唐辛子を入れ、弱火でバターが溶けるまでじっくり炒める。

❺ 玉ねぎを炒める

強火にして玉ねぎを加えて塩少々(分量外)を振り、全体を混ぜながらほんのりきつね色になるまで炒める。バターが玉ねぎにからむと一見きつね色のようになるので、玉ねぎの甘い香りが立つまでしっかり炒めよう。

❻ カレー粉と塩を加える

弱火にしてカレー粉を加え、塩を振る。カレー粉の粉っぽさがなくなるまで、具材とからめながら炒める。

❼ 水を加えて煮立てる

強火にして水を加え、煮立てる。

成功の鍵

**⑧ オレンジマーマレードと
ココナッツミルクを
加える**

中火にしてオレンジマーマレード
とココナッツミルクを加え、かき
混ぜる。

❾ たらを加える

煮立ったら、中火のままたらを加え、
あまりかき混ぜずにソースとからめ
る。

❿ 弱火で5分煮る

ふたをして、弱火で5分煮る。

**⓫ 塩、タイムを加えて
3分煮る**

塩少々（分量外）を加えて味を調え、
弱火のままタイムを加えてさらに3
分煮る。

塩はどうして重要なのか？

**塩を軽視してはいけない。カレー作りは、塩に始まり塩に終わる。
塩加減を間違えなければ成功は約束されるはず。**

ハッキリいって、おいしいカレー作りの決め手となるアイテムは、塩である。塩は素材の味わいを引き立てる効果を持つだけでなく、スパイスの魅力も引き出してくれるからだ。

インド人シェフが料理をするときに何度も目撃し、疑問を持ったのが、鍋に塩を投入するタイミングについてだった。みじん切りやスライスにした玉ねぎを加え、さあ炒めようというときにパッと塩を振る。玉ねぎが炒め終わり、パウダースパイスを加えるときにまたパッと塩が入る。いったい何してるんだろう？ あの光景を見かけるたびに僕は繰り返し、その理由について尋ねた。誰もが明快な答えをくれたわけではないけれど、自分でも真似してみると、効果は実感できた。

玉ねぎと同時に加える塩は、脱水効果を狙っている。玉ねぎの中に含まれる水分を抜くことで火の通りやすい状態を作る。さらに水分が外に出るということは、一緒に玉ねぎの味わいが抽出されるということになる。パウダースパイスと同時に加える塩は、香りや辛味の引き立て役である。スパイスの個性が塩によって引き出されるなんて、これまで教えてくれる人はいなかった。

インド人シェフたちは、塩のパワーを熟知していて、上手に使いこなしていたわけである。カレーの煮込みが終わり、さあこれで完成、というときに味見をして必要ならば最後の塩をひと振り。これで全体の味が引き締まる。味見は何度もしてはいけない。繰り返せば繰り返すほど塩味は薄く感じられ、もう少し、もう少しだけ、と加える量が増えてしまうからだ。

塩はバラエティ豊かである。海から採れる海塩、岩から採れる岩塩でも味は違うし、産地や加工の仕方によって形も塩気の強さも風味も違う。塩の種類がカレーの味に及ぼす影響については、今は「好みの問題」としかいえない。これは今後の僕の研究課題にしたいと思っている。

選ぶ塩でカレーの表情が変わる

カレーの味の"かくれた"決め手となる塩。主な種類と特徴を知っておこう。

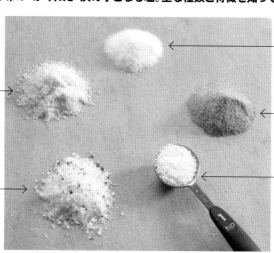

ゲランド塩

最も気に入っている塩の一つ。フランス・ブルターニュで作られる塩で、深い味わいで知られている。粒子が粗くふわっとしているのが特徴。

海藻入り塩

ところどころに海藻が入っているのが見てわかる。海の香りが漂う塩だから、シーフードを使ったカレーとの相性は抜群のはず。

アルペンザルツ岩塩

僕が常備して使用している塩。粒のサイズ、味ともにグッド。普段よく使う塩のブランドを決め、自分なりの物差しを持つといい。

ルビーソルト

名前はいろいろとあるが、いわゆるヒマラヤ岩塩。インドではブラックソルトなどと呼ばれ、硫黄のような独特の香りがあって魅力的。

雪塩

沖縄で生産される塩。この塩のように粒子がきめ細やかな場合、計量するときに総量が多くなりすぎる恐れがあるので要注意。

第2章

エキゾチックな芳香に満ちた
スパイス魔術師たちの殿堂

インドカレーの名店編

オレンジツリー
インスパイア

インド的小宇宙の
スパイスシャワー

きれいなオレンジ色の油が浮いたら
それはスパイスカレー作りの成功の証

　今だからこそ、「オレンジツリー」の"ムルギ・カリ"をもう一度食べてみたいと僕は思う。店名の通り、濃くきれいなオレンジ色をしたカレーソースに骨付きの鶏肉が浮かぶ。スパイシーで適度に油のパンチや強めの塩気が効いていて、思い出しただけでよだれが出そうになる。それなのに、不思議とあのカレーを再現してみようと思ったことは一度もなかった。

　中目黒の商店街にこぢんまりと店を構えていた「オレンジツリー」は、テイクアウト専門店かと思うほど簡素な造りで、それがかえってお洒落に見えた。店内に入るとインドをギュッと凝縮させたようなスパイスの香りが充満している。僕は訪れるたびに、シャワーを浴びるように香りに包まれ酔いしれた。あそこは都内でインドに浸れる小宇宙だった。

　時は流れて僕は毎年のようにインドに通うようになり、インド料理を真面目に勉強し始めた。最も身についたのは、スパイスの基本的なテクニックである。どの種類をどれだけの分量で、どのタイミングで入れたらどういう風味が生まれるのか。素材によってスパイスの使い分けをしたり、ちょっとしたアレンジを楽しめるようになったり。

　最近、気がついた。僕が自分のために最も頻繁に作るチキンカレーは、見た目も味も「オレンジツリー」の"ムルギ・カリ"に酷似しているのだ。店主がボンベイのホテルで習得したというテクニックがこの手に備わっているのなら、こんなに嬉しいことはない。

ルールを守り
個性を引き出す
スパイステクニック

火の通りにくいものから順に加熱するのが、料理の基本。それは、スパイスを加熱するときでも変わらない。形が残っているホールスパイスは先に油と炒め、あとから粉状のパウダースパイスを加える。新鮮な香りを楽しむために、フレッシュスパイスはカレーの仕上げに投入する。この順序が、スパイスの香りを存分に生かすためのルールである。

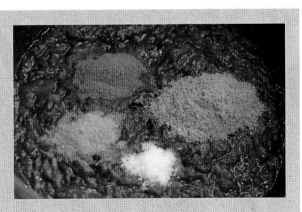

骨付きチキンカレー

**骨付き鶏肉をやわらかく煮込んだ
スパイス香るインドの定番の味**

材 料 (4人前)

骨付き鶏もも肉(ぶつ切り)……500g

玉ねぎ……1個

ホールトマト……200g

にんにく……2片

しょうが……2片

クミンシード……小さじ1

香菜……適量

■ パウダースパイス

　ターメリック……小さじ½

　カイエンペッパー……小さじ1

　コリアンダー……大さじ1

塩……小さじ1

植物油……大さじ3

ココナッツミルク……200㎖

水……200㎖

料理によって使い分けよう

ホールトマトはコクのある深い味。カットトマトはさっぱり味。トマトの種類が違うので気を付けて。

作 り 方

**❶ 玉ねぎ、にんにく、
　しょうがを切る**

玉ねぎは芯を落として皮をむき、にんにくとしょうがは包丁の腹でたたいて潰す。それぞれみじん切りにする (しょうがは新鮮なものであれば皮ごと使ってもよい)。

❷ 香菜を切り分ける

香菜は根と茎に切り分ける。

❸ 香菜を刻む

根はみじん切りにし、茎と葉はざく切りにする。

**❹ 骨付き鶏もも肉に
　塩、こしょうを振る**

骨付き鶏もも肉は塩、こしょう少々(分量外)を振る。

❺ クミンシードを炒める

鍋に植物油を入れて強火で熱し、クミンシードを加える。クミンシードからブクブクと小さな泡が出てきたら、焦げつかないように注意しながら泡がおさまるくらいまで炒める。

**❻ にんにく、しょうが、
　香菜の根を炒める**

にんにく、しょうが、香菜の根を加える。焦げつかないように鍋を回しながら、全体がきつね色になるまで炒める。

❼ 玉ねぎに火を通す

強火のまま玉ねぎを加え、塩少々(分量外)を入れる。他の具材と軽く混ぜ合わせたら、しばらく動かさずに熱する。

成功の鍵

❽ 玉ねぎを濃いきつね色になるまで炒める

少し色が変わってきたら火を弱めて玉ねぎをサッとかき混ぜ、しばらく動かさずに熱する。この作業を繰り返しながら、玉ねぎが濃いきつね色になるまで炒める。

❾ ホールトマトを加える

強火にしてホールトマトを潰しながら加え、水分が完全になくなるまで炒める(木べらで動かしたとき、ペースト状になって戻ってこなければOK)。

❿ パウダースパイスを炒める

ターメリック、カイエンペッパー、コリアンダーと塩を加えて炒める。

⓫ 骨付き鶏もも肉を炒める

骨付き鶏もも肉を加え、全体を混ぜ合わせる。

⓬ 水を加えて煮立てる

強火にして水を加え、煮立てる。【水の煮立て方☞ P97】

⓭ ココナッツミルクを加えて煮立てる

強火のままココナッツミルクを加えてよく混ぜ、煮立てる。

⓮ 弱火で45分煮込む

ふたをして弱火で45分煮る(鍋の表面に油が浮いていればOK)。香菜の茎と葉を混ぜ合わせる。

ラージパレス
インスパイア

インド宮廷料理店で
コクにノックアウト

ヨーグルト、バター、生クリームの3点セット
カレーのコクの秘密は、乳製品にあった

あの頃、渋谷はインド料理天国だった。一端のカレー一通を気取っていた僕は、渋谷じゅうのインド料理店をくまなく食べ歩いた。その結果、極端にひいきすることになった店が、インド宮廷料理の「ラージパレス」だった。なにしろ立地がすごかった。センター街のど真ん中にあるビルの4階。外は若者やギャルでひしめき合っているのに、4階に到着し、エレベーターの扉が開くと、目の前には銀色の重々しい扉があり、中は落ち着いた空間だった。もう20年近く前のことだ。

味は当時の渋谷で群を抜いていたと思う。そう確信した理由は、インド人客と外国人客が圧倒的に多かったこと。僕はそれをおいしいインド料理店の判断基準にしていた。ランチタイムにバイキングをしないスタンスも好きだった。独特の気高さを感じ、まるでここが自分の店であるかのように誇り高く思っていた。

多くのインド料理ファンがそうであるように、僕はこの店でバターチキンカレーの洗礼を浴びた。バターや生クリームのコク、スパイスの刺激、トマトの酸味が一体となって襲いかかってくるこの料理は、今でもインド料理の人気ナンバーワンメニューだろう。あんなものを食べてしまったら、カレーのおいしさとは何かについて考えざるをえない。同時に乳製品が持つコクのすばらしさと恐ろしさについても。

今の僕は乳製品に頼っておいしいカレーを作るのは卑怯だとさえ思っている。それでもあのおいしさにはあらがえない。

コクとうま味は強烈。
おいしく仕上げるために
バランスを大切に

このレシピでは、3つの乳製品を使う。ヨーグルトで肉をマリネすることで、肉をやわらかくし、味を中に閉じこめることができる。バターはホールスパイスを炒めるのに使い、コクを増強。そこに生クリームを加えて煮込むことにより、上品でまろやかな口当たりに仕上げられる。乳製品のコクは強烈なので、酸味や辛味など他の味わいをバランスよく加えよう。

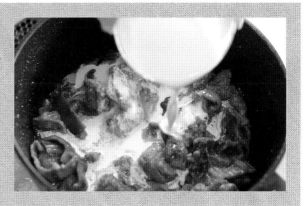

バターチキンカレー

バターで作り始め、生クリームで仕上げる人気ナンバーワンのカレー

材料 (4人前)

鶏もも肉……500g
ピーマン……2個
バター……40g
トマトピューレ……大さじ5
生クリーム……100ml

■ ホールスパイス
　カルダモン……5粒
　クローブ……5粒
　└シナモン……1本

■ マリネ液
　プレーンヨーグルト……100g
　にんにく……1片
　しょうが……1片
　オリーブ油……大さじ1
　トマトケチャップ……大さじ1
　レモン……1/2個
　└塩……小さじ1/2

■ パウダースパイス
　ターメリック……小さじ1/4
　カイエンペッパー……小さじ1
　└クミン……小さじ2

豆知識

料理によって使い分けよう

生クリームとは乳脂肪のみを原料とするクリームを指し、添加物や植物性脂肪が加えられたホイップはうま味が弱い。乳脂肪分にもいくつかの段階があり、「36」「47」などの数字が大きいほうが乳脂肪分が高く、味が濃い。

作り方

❶ にんにくとしょうがをすりおろす

にんにくは皮をむき、しょうがとともにすりおろしてマリネ液の材料にする。

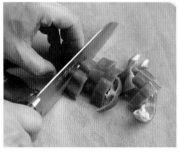

❷ ピーマンを切る

ピーマンは種とワタを取ってざく切りにする。

❸ 鶏もも肉を切る

鶏もも肉は皮を取ってひと口大に切る。

❹ マリネ液とパウダースパイスを混ぜ合わせる

ボウルにマリネ液の材料とパウダースパイスを入れてよく混ぜ合わせる（辛さを強調したいときはカイエンペッパーの量を増やしてもOK）。

❺ 鶏もも肉をマリネしてひと晩寝かせる

❹に鶏もも肉を加えてもみ込み、ラップをかけて空気を抜く。できたら、冷蔵庫に入れてひと晩おく。

⑥ 鍋にバターを入れて熱し ホールスパイスを加える

鍋にバターを入れて弱火で熱し、ホールスパイスを加える。

⑨ マリネ液を加えて炒める

鍋に⑤の残りのマリネ液を加え、中火のまま<u>水分が飛ぶまで炒める</u>。

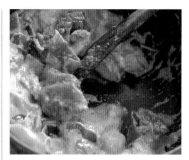

⑫ 生クリームを加える

生クリームを加え、混ぜ合わせる。

成功の鍵

⑦ バターで ホールスパイスを炒める

バターが焦げないように火加減に注意し、カルダモンはぷくっとして亀裂が入るまで炒める。

⑩ トマトピューレを 加えて炒める

中火のままトマトピューレを加え、<u>水分が飛ぶまで炒める</u>。

⑬ 弱火で15分煮込む

ふたをして弱火で15分煮込む（<u>油分が表面に浮いてきたら、出来上がり</u>）。

⑧ 鶏もも肉を炒める

中火にして、⑤の鶏もも肉だけを加え、<u>表面全体に焼き色がつくまで炒める</u>。

⑪ ピーマンを加える

中火のままピーマンを加え、全体を混ぜ合わせる。

夏野菜のカレー

由紀子
インスパイア

日本の屋台で食す
インド家庭料理

スパイスやカレー粉で味はつかない
その香りが素材の味わいを引き立てる

由紀子さんのことを僕はいつも「おゆきさん」と呼んでいた。恵比寿駅の南口付近に夜になると出る屋台。名前は「由紀子」。たしか17〜18年前まであった。日本酒とおでんを出すこの屋台の名物は、インド料理だった。屋台を営むおばあちゃんがスパイスを使いこなすというのは、ちょっとした驚きだ。ここがインドなら当たり前の光景だが、恵比寿なのである。

おゆきさんは、週替わりでいろんなカレーを作ってくれた。僕は本当によく通った。大学を卒業したての頃だったから、屋台に夜ごと集まる大人たちに憧れもあった。冬の寒い日は、向かいのコンビニでミルクティーを買えば、缶の中に数種類のホールスパイスをポトリポトリと落として、おでんと一緒に温めてくれる。

酒に弱かった僕はチャイを片手に大人の会話の仲間入りをした。

店に来る誰もが決まりごとのようにカレーを注文して食べた。チキンカレーやポークカレー、野菜のサブジ。その時々の旬の野菜が使われているあたりは、まさにインド式だった。野菜の味わいを活かすカレーというのは、僕もインド料理から学んだ。市販のカレールウはおいしいけれど、素材の味わいを活かすには邪魔な味がたくさん入りすぎている。スパイスやカレー粉などの味つけのされていない"道具"で作るのがいい。

思えば、あのころはまだ素材の味わいを活かしたカレーのおいしさなんて重視していなかったなぁ。僕も少しは大人になったのかもしれない。

野菜のおいしさは
塩とカレー粉で
最大限に引き立てる

野菜は種類によって、味わいも形も水分含有量も違うもの。複数の野菜をカレーに加えるときは、一気に鍋に入れてしまうのではなく、1種類ずつ状態を見ながら加熱していくほうがおいしく仕上がる。野菜の状態をよく観察することが肝心。香りを加えるのはカレー粉、味を引き出すのは塩。このコンビネーションによって、素材が主役として引き立つ。

夏野菜のカレー

サブジやラタトゥイユのような
インド風野菜カレー

材　料 （4人前）

なす……4本

トマト……小2個（180 g）

ズッキーニ……大1本（150 g）

赤ピーマン……1個（50 g）

緑ピーマン……3個（100 g）

玉ねぎ……½個

にんにく……2片

カレー粉……大さじ1

塩……小さじ1

※ 小さじ1を❼から⓫まで
　　5回に分けて使う。

オリーブ油……大さじ2

ブーケガルニ（あれば）……適量

作 り 方

❶ 玉ねぎをスライスする

玉ねぎは芯を落として皮をむき、薄くスライスする。

❹ なすとズッキーニを切る

なすとズッキーニはヘタを切り落とし、7 ～ 8mm幅の輪切りにする。先のほうは細いので、均一に火が通るよう 1cmくらいにするといい。

❷ にんにくを切る

にんにくは皮をむき、包丁の腹でたたいて潰し、芽を取ってみじん切りにする。

**❺ 赤ピーマンと
緑ピーマンを切る**

赤ピーマンと緑ピーマンは、種とワタを取って乱切りにする。

❸ トマトを切る

トマトは半分に切ってヘタを取り、乱切りにする。

❻ にんにくと玉ねぎを炒める

鍋にオリーブ油を入れて強火で熱し、にんにくを加えてほんのり色づくまで炒める。玉ねぎを加えて塩少々（分量外）を振り、しんなりしてきつね色になるまで炒める。

❼ トマトを炒める

中火にしてトマトを加え、塩少々を振り、全体をかき混ぜながら炒める（トマトが少し崩れ、やわらかくなって水分が出てくるまで）。

❿ ズッキーニを炒める

❾の残り油でズッキーニを炒める。塩少々を振り、強火で両面にこんがりと焼き色がつくまで炒め、❽の鍋に加える。

⓭ 弱火で40分煮込む

ふたをして弱火で40分煮込む。

❽ カレー粉を加える

中火のままカレー粉を加え、塩少々を振る。カレー粉の粉っぽさがなくなるまで、よく炒める。

⓫ なすを炒める

❿の残り油でなすを炒める。塩少々を振り、ふたをして中火で蒸し焼きにし、❽の鍋に加える。身が少しふくらむくらいまでが蒸し焼きの目安。油を吸いやすいので、足りないようであれば追加する。

⓮ 常温になるまで冷ます

火を止めて軽く混ぜ合わせ、常温になるまで冷ます。

成功の鍵

❾ 赤ピーマンと緑ピーマンを炒める

フライパンにオリーブ油（分量外）を多めに入れて中火で熱し、赤ピーマンと緑ピーマンを入れる。塩少々を振ってサッと炒め、❽の鍋に加える（油は移さないように。以下⓫まで同じ）。

⓬ ブーケガルニを加える

ブーケガルニを加えて、ひと混ぜする。

39

インドカレーの名店編

えびのホワイトカレー 4

櫓
インスパイア

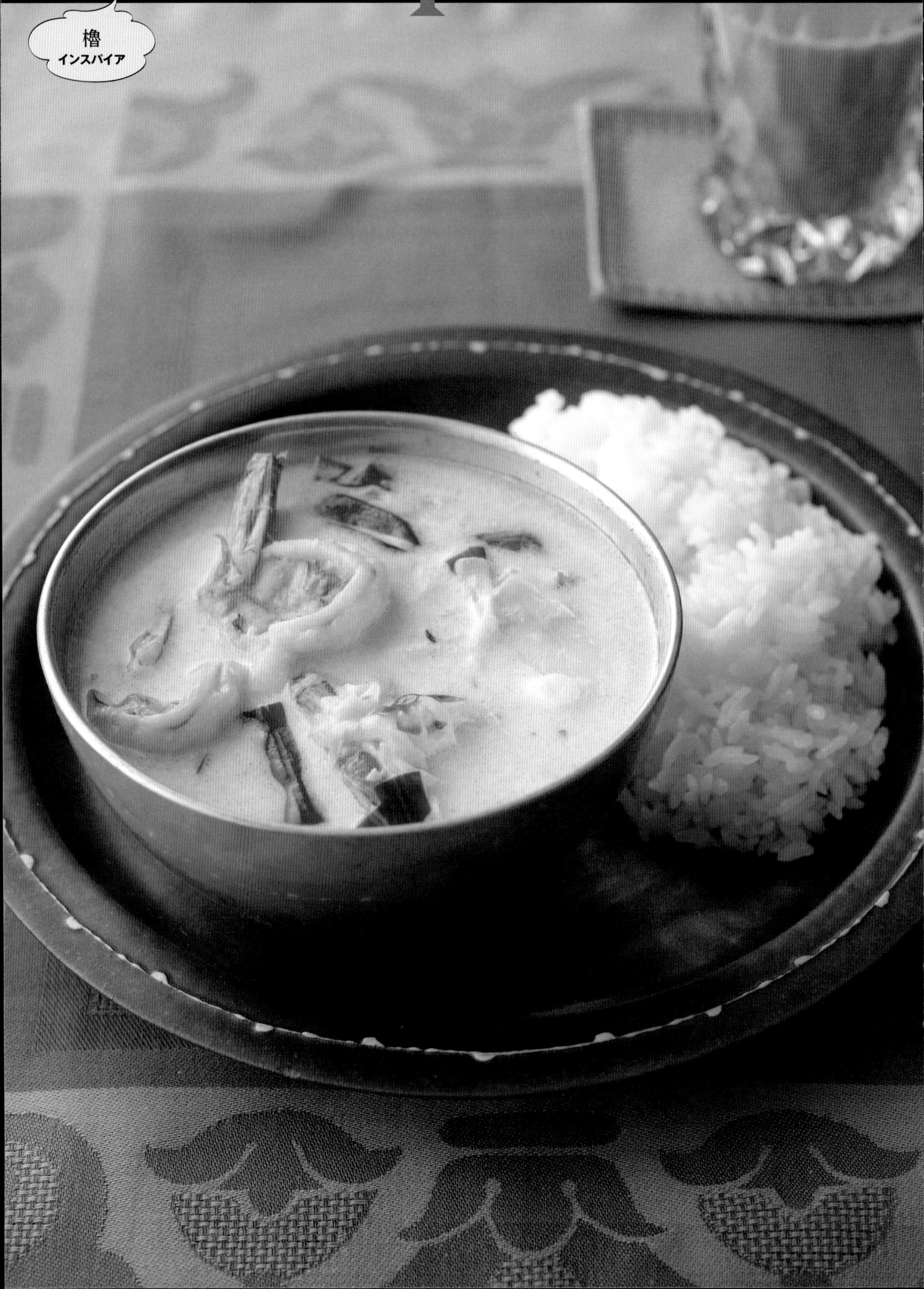

居酒屋に突如現れた
白いカレーの衝撃

スパイスの特性を理解して調理に活かせば
仕上がりをコントロールできるようになる

カレーが白いというのは、かなりの驚きである。というよりも、白いのにカレーの味がすることが驚きなのかもしれない。神保町にあった「櫓」は居酒屋だったが、バングラデシュ人シェフが作るホワイトカレーが話題になった。ホワイトシチューのように白いのにカレーの味がするのである。食べた人たちはみんな、魔法にかかったような気持ちになっただろう。

僕が「櫓」のカレーを知った頃は、もう白いカレーは自分でも作れたし、何の驚きもなかった。むしろ驚いたのは、インド料理のサグ（青菜）カレーである。カレーが緑色をしている。学生時代にアルバイトをしていたインド料理店「マハラジャ」で食べた。絵の具のビリジアンを水で溶いたような色のソース。これが

カレーなのか!? 口に入れた瞬間に雲に巻かれたような気分になった。

カレーの風味とソースの色の関係性が理解できるようになったのは、ずっとずっとあとのことだった。僕が自分なりにたどり着いた法則は今も大切にしていて、本を書くときや料理教室をするときによく発表している。それは、「パウダースパイスは色がつくが、ホールスパイスは色がつかない」というもの。シンプルだが、この法則を理解すれば、仕上がりのカレーの色は自由自在にコントロールできるようになる。

ゴールイメージを持ってレシピを開発し、カレーを作る。こんなに楽しいことはない。美しいカレーはおいしい。おいしいカレーは美しいのだ。

ホールスパイスと
パウダースパイスの
使い分けが肝心

ホールスパイスの特徴は、カレーソースを色づけることなく、香りや辛味を加えることができる点。直接的に感じる強い香りは生まれないものの、時間をかけて煮込むことで、穏やかな香りが生まれる。油で炒めるときにきっちり火を通すと、水分を加えて煮込んだときに香りが出やすくなる。何度も鍋の中をチェックして、香りの変化を楽しもう。

えびの
ホワイトカレー

ホールスパイスを使って
鮮やかな色味、複雑な味を演出

材　料 (4人前)

生えび……12尾
玉ねぎ……½個
にんにく……1片
しょうが……1片
レモン……½個
ニラ……適宜
■ ホールスパイス
　赤唐辛子……3本
　カルダモン……7粒
　クローブ……7粒
　シナモン……1本
　クミンシード……小さじ½
塩……小さじ1
生クリーム……200㎖
オリーブ油……大さじ3
水……200㎖

作　り　方

❶ にんにく、しょうがを切る
にんにくは皮をむき、芽を取る。それぞれみじん切りにする。

❷ 玉ねぎをスライスする
玉ねぎは芯を落として皮をむき、薄くスライスする。

❸ ニラを切る
ニラは3㎝幅に切る。

❹ えびの殻をむく
えびは尾を残して殻をむき、背に切り込みを入れて背ワタを取る。

成功の鍵

❺ ホールスパイスを熱する
鍋にオリーブ油を入れて中火で熱し、ホールスパイスを赤唐辛子、カルダモン、クローブ、シナモン、クミンシードの順に加える。シナモンは半分に割り、赤唐辛子の種は取り除かないように。

成功の鍵

**❻ クミンシードがこんがり
　色づくまで炒める**
クミンシードがこんがり色づくまで炒める。焦がさないように注意。

❼ にんにく、しょうがを炒める

中火のまま❶を加え、こんがり色づくまで炒める。

❿ 水を加えて煮立てる

強火のまま水を加えて煮立てる。

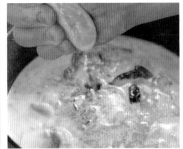

**⓬ レモン汁を加えて
弱火で10分煮る**

レモン汁をしぼり入れ、ふたをして弱火で10分煮込む。

❽ 玉ねぎを炒める

玉ねぎを加え、強火にして塩を振り、しんなりするまで炒める。火が通ってきたら木べらでかき混ぜる。焦がさないように注意。

⓫ 生クリームを加えて煮る

生クリームを加えてサッと煮る。

**⓭ ニラを混ぜ合わせて
中火で5分煮る**

仕上げの香りづけにニラを加えて混ぜ合わせ、中火で5分煮る。

❾ えびを炒める

強火のままえびを加え、身が反って表面全体が色づくまで炒める。

木もれ陽亭
インスパイア

葉山のお客様に贈る
日印融合のカレー

インドのカレーと日本のカレー
いいとこ取りができる秘技があった

日本人シェフが営むインド料理店というものに昔から興味がある。日本に日本人として生まれたにもかかわらず、インド料理の店を出すわけだから、どこかで何かしらエポックメイキングな出来事が起こり、どっぷりとのめり込むことになったに違いない。そんなシェフの作るインド料理は愛にあふれている。葉山の海沿いにあった「木もれ陽亭」もその一つだ。

シェフの川辺さんは、新宿のインド料理店「ボンベイ」で修業した経験をもとに自身の店を持った。修業時代は、料理長のインド人が相当厳しい人だったらしく、たまにシーク（タンドールで肉などを焼くときに使う串）が飛んできた。壁にいくつも穴があったという。

「木もれ陽亭」のカレーは異様に食べやすい味だった。インド料理特有のスパイシーな刺激はあるものの、どことなくほっとする食後感があって口に優しい。秘密を教えてもらったことがある。「実はね、市販のカレールウをほんの少しだけ仕上げに加えてるんですよ」。川辺さんはそう言った。いつもそうしてるのか、どのメニューにそれをしてるのかは聞かなかったが、目から鱗が落ちるような気分だった。日印融合がこんな形で実現するなんて。葉山のお客様にインド料理を楽しんでもらうために食べやすくアレンジしたそうだ。

本場至上主義者たちからの冷たい視線も覚悟したはずだ。それでも飛んでくるシークをするりとかわすようにして新しいインド料理の世界へ挑戦し続けた。信念を貫いたシェフ魂を称えたいと思う。

スパイスは個性
ルウはバランス
役割分担を明確に

カレールウはうま味の宝庫だが、一方でスパイスには、「味付け」という作用はない。この違いをしっかり把握することが肝心だ。ルウを加える直前に味見をしておき、ルウを溶かし混ぜたあと、前後の味の違いを確認しよう。カレールウのうま味は非常に強いため、少量でもカレー全体の味わいを支配してしまう。適量を加えることが、イメージする味わいにまとめるための秘訣。

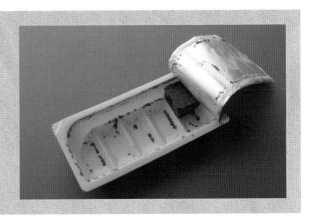

サグチキンカレー

カレー粉で作るカレーに かくし味としてカレールウを加える

材　料 (4人前)

鶏もも肉……350g
紫玉ねぎ……1個(80g)
にんにく……2片
しょうが……1片
■ペースト用
　ほうれん草……2束(250g)
　ディル……3枝
　スウィートバジル……5枚
トマトピューレ……大さじ2
赤唐辛子……2本
カレー粉……大さじ1
カレールウ……½皿分
植物油……大さじ2
塩……小さじ1
水……200㎖

作り方

❶ にんにく、しょうが、紫玉ねぎを切る

にんにく、しょうが、紫玉ねぎは粗みじん切りにする。

❹ ほうれん草をペーストにする

❸の粗熱が取れたら、ディル、スウィートバジルと合わせて<u>フードプロセッサー</u>で撹拌し、少し食感が残るぐらいのペースト状にする。

❷ 鶏もも肉を切る

鶏もも肉はひと口大に切り、<u>塩、こしょう少々（分量外）</u>を振る。

成功の鍵

❺ 赤唐辛子を炒める

鍋に植物油を入れて強火で熱し、<u>赤唐辛子を加えて黒くなるまで炒める</u>（よく炒めることで香ばしさを引き出す）。

❸ ほうれん草をゆでる

ほうれん草は根を落とし、ざく切りして塩ゆでし（塩は分量外）、ザルに上げておく（<u>ゆでるときは茎から先に入れ、その上から葉を加える</u>）。

❻ にんにく、しょうがを加える

強火のままにんにく、しょうがを加え、<u>こんがりと色づくまで炒める</u>。

❼ 紫玉ねぎを加える

強火のまま紫玉ねぎを加えて塩少々（分量外）を振り、きつね色になるまで炒める。

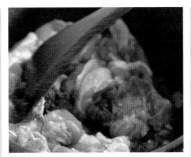

❿ 鶏もも肉を加える

強火にして鶏もも肉を加え、表面全体に焼き色がつくまで炒める。

成功の鍵

⓬ カレールウを 溶かし混ぜる

火を止めてカレールウを溶かし混ぜ、再び弱火で加熱してサッと煮る。【カレールウの溶かし方 ☞ P97】

❽ トマトピューレを加える

中火にしてトマトピューレを加え、水分が飛ぶまでしっかり炒める。

⓫ 水を加えて煮込む

強火のまま水を注いで煮立て、ふたをして弱火で15分煮込む。

⓭ ほうれん草ペーストを 加えて煮る

❹のほうれん草ペーストを加え、ふたをして弱火で5分煮る。

❾ カレー粉と塩を加える

弱火にしてカレー粉と塩を加え、混ぜ合わせながら炒める。

玉ねぎはどこまで炒めればいいのか?

玉ねぎ炒めは、カレーを作る人にとって永遠の課題。
手法は無数にあるが、正解は一つではない。そこがまた魅力的なのだ。

玉ねぎをあめ色になるまで炒める。このフレーズは、おいしいカレー作りを志すほとんどすべての人が意識することなのかもしれない。カレー店のシェフによっては、「玉ねぎ炒めでカレーの味の8割は決まる」という人もいる。でも、僕はそうは思わない。玉ねぎを炒める行為は、皆さんが思っているほど特別なものではない。カレーの玉ねぎ炒めには、誤解がたくさんあるのだ。

鍋の前に張り付いて弱火で長時間、じっくりていねいに炒めるべきだ、という考えがあるが、それは、炒め方の手法のごく一つのパターンに過ぎない。インド人シェフの玉ねぎ炒めを見たことがあるだろうか? 彼らはたいてい、温まった油に無造作に切った玉ねぎを放り込み、強火でガンガン炒めている。

それに、なんでもかんでも濃い色になるまで炒めるべきだというのも迷信だ。玉ねぎの炒め具合は作りたいカレーによって変えるべきである。僕はインド人シェフが玉ねぎの形がつぶれ、あめ色になるまで炒めるのを見たことがない。大事なのは、どのように加熱するとどのように玉ねぎの味わいや状態が変化するのかを理解すること。そして、それをコントロールし、作りたいカレーに応用できるようになることだ。

炒めるとは、玉ねぎの水分を抜いて味を凝縮させることだ。基本的に玉ねぎは、炒めても糖度は変わらない。ただ、酸味や辛味など生の状態が持つ特性が薄まり、甘味を強く感じるようになる。と同時に香ばしい香りがつく。加熱すればするほどこの傾向は強くなる。どの程度の甘味や香味が必要かによって加熱の程度を決めればいい。

生の状態で100%含んでいた水分は、加熱の度合いが進むにつれて蒸気として外へ逃げ、玉ねぎはやわらかくなり、火が入りやすくなる。だから強火で炒め始め、徐々に火を弱めていくのが鉄則だ。じわじわと姿を変える玉ねぎをじっくり観察しよう。

豆知識

水を加えながら玉ねぎを炒める

水を加えながら炒める裏技を紹介。香りと色の変化を見極めることが大切。

| 0秒 ① | 水 4分30秒 ② | 7分30秒 ③ | 水 8分 ④ | 10分 ⑤ | 水 10分30秒 ⑥ | 水 12分 ⑦ 濃 |

材料(4人前)
玉ねぎ……1個
植物油……大さじ2
塩……少々
水……200㎖(50㎖×4回分)

作り方
❶玉ねぎはみじん切りにする。スライスするよりも味が濃くなりやすい。鍋に植物油を入れて強火で熱し、玉ねぎを加えて4分炒める。50㎖の水を加えて混ぜ合わせ、30秒ほどで水分を飛ばす。❷強火で3分炒める。❸焦げそうかどうかは色よりも鍋中の香りで判断。50㎖の水を加えて全体を混ぜ合わせ、30秒ほどで水分を飛ばす。❹強火で2分炒める。❺加えた水は蒸気となって逃げていく。鍋を振りながら全体が均一になるまでかきまぜる。50㎖の水を加えて混ぜ合わせ、30秒ほどで水分を飛ばす。❻強火で1分炒める。❼50㎖の水を加えて混ぜ合わせ、30秒ほどで水分を飛ばす。

第**3**章
数多くのファンを魅了し続けた
マスターピースたち

スタンダードカレーの名店編

居酒屋のような店で
ご飯が進むカレー

炒め玉ねぎが溶け出したソースに
日本人の味覚を揺さぶるエッセンスを見た

その店は、名の通り、へんちくりんな店だった。代々木八幡にあった「変竹林」。外観は和食の居酒屋。中に入るとスパイシーな香りが漂っている。メニューを見れば、野菜カレーが「八百屋っ子」、チキンカレーが「こけこっ子」といった気の抜けた調子。注文するとカレーはどんぶりに盛られ、和風のスプーンが添えられた。

期待せずに口に運ぶと、なんともうまい。インド風のさらっとスパイシーな味わいで、やたらとご飯が進む味だった。15年ほど前に取材をさせてもらったとき、店主は「インド料理店で修業経験がある」と話してくれたが、記憶が確かならば、老舗カレー店「デリー」の流れをくむ作り方だったように思う。

ともかく、味のベースは徹底的に炒めた玉ねぎであることは間違いなかった。玉ねぎ炒めはカレー好きにとっては永遠のテーマである。今でこそ玉ねぎの切り方や火の入れ方は何通りもの手法を持つようになったし、作りたいカレーによって状態を自在にコントロールする技も身につけたけれど、当時の僕は、あめ色玉ねぎというやつを目指して必死に鍋と向き合っていた。

加熱を続けた玉ねぎから水分が抜け、形がつぶれ、次第に色が深まっていく。水を入れて煮込んでいくとやがて玉ねぎは溶けて跡形もなく消えてしまう。玉ねぎが消えたらソースにうま味や甘味、香ばしさが残るのだ。あれが不思議で好きだった。玉ねぎを繰り返し炒め続けた日々が、確実に今の自分の糧になっている。

加熱すればするほど
引き立つ味がある
玉ねぎの不思議

玉ねぎは加熱しても糖度は変化しない。ただし、酸味や辛味など他の要素が消えていくため、甘味を感じやすくなる。つまり、玉ねぎを炒める行為は、甘味を残し、香ばしい香りを加えるためのものだと考えよう。上手に加熱するためには、火加減と手加減が大事。玉ねぎの状態をよく観察し、強い火から弱い火へと調整しながら、木べらを動かしていこう。

あめ色玉ねぎの チキンカレー

あめ色になるまでしっかり炒めた
玉ねぎで作る芳醇なカレー

材 料 (4人前)

鶏もも肉……400g
玉ねぎ……2個
ホールトマト……200g
にんにく……2片
しょうが……2片
カレー粉……大さじ2
塩……小さじ½
しょうゆ……大さじ1
はちみつ……大さじ1
植物油……大さじ3
水……400㎖

作 り 方

❶ 玉ねぎを切る

玉ねぎは芯を落として皮をむき、み
じん切りにする。

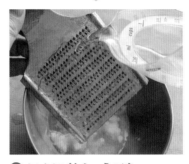

❷ にんにくとしょうがを すりおろす

にんにくとしょうがは皮をむいてすり
おろし、100㎖の水（分量外）と合
わせてジュースにする（P16参照）。

❸ 鶏もも肉を切る

鶏もも肉はひと口大に切り、塩、こ
しょう少々（分量外）を振る。

成功の鍵

❹ 玉ねぎを強火で炒める

鍋に植物油を入れて強火で熱し、
玉ねぎを加えてきつね色になるま
で炒める。目安は10分。玉ねぎの
鍋の底と側面に接する部分が焦げ
ないようにかき混ぜる。

成功の鍵

❺ 玉ねぎを中火で炒める

中火にして玉ねぎがさらに濃いき
つね色になるまで炒める。目安は
10分。火が通るほど焦げやすく
なるので、焦げないようにまめに
かき混ぜる。

成功の鍵

❻ 玉ねぎを弱火で炒める

弱火にして玉ねぎが黒に近いあめ
色になるまで炒める。目安は10
分。鍋の底よりも側面に接する部
分のほうが焦げやすいので注意。

**❼ にんにくとしょうがの
　　ジュースを加える**

❷のにんにくとしょうがのジュース
を鍋に加え、強火にして全体をかき
混ぜながら、水分が完全に飛ぶまで
炒める。

❿ 鶏もも肉を炒める

別のフライパンに少量の植物油（分
量外）を入れて中火で熱し、鶏もも
肉を加えて表面全体が色づくまで炒
める。できたら❾の鍋に加え、具材
とからめるようにして炒める。

⓭ ふたをして煮込む

ふたをして弱火で30分煮込む。

❽ ホールトマトを加える

強火にしてホールトマトを潰しなが
ら加え、水分が完全になくなるまで
炒める（木べらで動かしたとき、ペ
ースト状になって戻ってこなければ
OK）。

⓫ 水を加えて煮立てる

3回に分けて水を加え、強火でその
つど煮立てる。【水の煮立て方☞
P97】

⓮ 常温で寝かせる

火を止めて20分ほどおく。油分が
鍋の表面に浮いてきたら完成。味見
をして塩分が足りなければ適宜塩を
加える。

❾ カレー粉と塩を加える

弱火にしてカレー粉を加え、塩を振
る。カレー粉の粉っぽさがなくなる
まで、具材とからめながら炒める。

**⓬ しょうゆと
　　はちみつを加える**

しょうゆとはちみつを加え、かき混
ぜる。

蔦カレー
インスパイア

やみつき続出
蔦の絡まるカレー店

だしのうま味はカレーの影武者的存在
胃袋に落ちてから威力を発揮する

蔦が絡まる外観だから、通称 "蔦カレー"。みんなそう呼んでいた。なぜなら正式名称を誰も知らなかったから。日本橋の老舗の人気店だったから、名はなくても名の通った店だった。店の入り口には、「印度風カリーライス」と書かれた看板が控えめに出ていたから、それが店名だったのかもしれない。

昔ながらの青い花草模様の平皿にライスとカレー。カレーソースはシャバシャバで、鶏肉、玉ねぎ、にんじん、じゃがいもという、ジャパニーズカレーを象徴する具が浮かんでいた。黄色い福神漬けを添えて食べたのを思い出す。僕の周りにはやみつきになる人が続出していた。抜群にうまい味というわけではなかったが、想像のつかない何らかの味に翻弄されているような不思議な感覚があった。

最近になって、あるカレー店の社長と "蔦カレー" の味の秘密が何だったのかについて真面目に議論したことがある。カレー店にとってもそのくらい興味の対象だったというわけだ。結論は、うま味調味料なんじゃないか、となった。一見、味気なさそうなしゃばしゃばのソースにおいしさの秘密がかくされているとしたら、だしのうま味に他ならないと思う。

僕は化学調味料を全否定するタイプの人間ではないが、自分で使うことはしない。なぜなら、スープを取ったりブイヨンをひいたりする行為が大好きだからだ。だしのうま味が奏でるしみじみとしたおいしさは、日本のカレーならではの魅力だ。

鶏がらと香味野菜の
うま味を引き出す
アイテムは水と塩

手作りのブイヨンは、スッキリと洗練された味わいと、しみじみと感じるうま味を兼ね備えている。おいしく作るコツは、アクをこまめに取り除くことと、弱火で優しく煮込むこと。そして、時間をかけることだ。たっぷりの水と少量の塩だけで、驚くほど豊かな味を抽出することができる。鍋の周辺に漂う香味野菜の香りは、料理を楽しくしてくれる大切な要素である。

洋食屋さんの
チキンカレー

チキンブイヨンのうま味で
味を強めたパンチのあるカレー

材 料 (4人前)

鶏もも肉……300g

玉ねぎ……1個

パプリカ(オレンジ)……2個(200g)

バター……30g

カレー粉……大さじ2

小麦粉……大さじ1

チキンブイヨン……400mℓ
　【チキンブイヨンの作り方☞P70】

トマトケチャップ……大さじ2

白ワイン……100mℓ

植物油……大さじ1

作 り 方

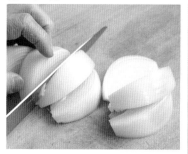

❶ 玉ねぎを切る

玉ねぎは芯を落として皮をむき、く
し形に切る。くっついたまま炒めて
しまわないよう、ほぐしておく。

❹ バターを溶かす

鍋にバターを入れ、弱火で熱して溶
かす。

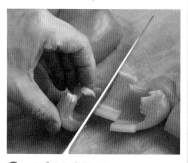

❷ パプリカを切る

パプリカは種とワタを取って乱切り
にする。

❺ 小麦粉を加えて炒める

小麦粉を粉ふるいを使って少しずつ
加え、弱火のままほんのり茶色に色
づくまで炒める。

 豆知識

ブイヨン作りには硬水を

ブイヨンを作るには、軟水よりも硬水
が適している。多く含まれるミネラル
が肉のくさみを消して、いいブイヨン
が取れるのだ。ヨーロッパでは硬水が
一般的。コントレックスとエビアンは
硬水だが、ボルヴィックは軟水だ。

❸ 鶏もも肉を切る

鶏もも肉はひと口大に切り、塩、こ
しょう少々(分量外)を振る。

成功の鍵

❻ カレールウを作る

弱火のままカレー粉を加え、5分
炒める。火を止め、香ばしいにお
いがハッキリと出るまで余熱で温
める。

❼ 玉ねぎとパプリカを
　蒸し焼きにする

別の鍋に植物油を入れて中火で熱し、玉ねぎとパプリカを加えて塩少々（分量外）を振る。サッと油をからめたら、ふたをして5分蒸し焼きにする。

▼

❽ ふたを開けて強火で炒める

ふたを開け、全体をかき混ぜながら強火で表面全体が色づくまで炒める。

▼

❾ 鶏もも肉を炒める

強火のまま鶏もも肉を加え、表面全体が色づくまで炒める。混ぜながら鍋底に移動させると火が通りやすくなる。

❿ 白ワインを加える

強火のまま白ワインを加え、しばらく待つ。ワインに熱が通ったら、アルコール分が飛ぶまでよく混ぜながら炒める。

▼

成功の鍵

⓫ チキンブイヨンを加える

強火のままチキンブイヨンを2回に分けて加え、煮立てる。煮立て方は水の場合と同様のやり方で。【水の煮立て方☞P97】

▼

⓬ トマトケチャップと
　カレールウを加える

強火のままトマトケチャップと❻のカレールウを加え、溶かし混ぜる。

⓭ 弱火で20分煮込む

ふたをして弱火で20分煮込む。カレールウに使った小麦粉が焦げないように、時々ふたを開けてよく混ぜる。

▼

⓮ 塩で味を調える

塩（分量外）を加えて味を調整する。

元格闘家が作る
容赦ない激辛カレー

辛いカレーはうまいという不滅の法則
唐辛子の魅力は辛味だけではない

　辛いカレーが大好きだったのは、高校時代である。地元で足繁く通ったカレー店で、友人たちに囲まれて激辛カレーを食べるパフォーマンスが定番だった。上京したある日、同じように辛いカレーを注文したのに食べきれなかったことがある。あのときの敗北感といったらない。自分の機能が退化したんじゃないかと不安になったほどだ。

　すっかり自信をなくした頃に出会ったのが、巣鴨の「大沢食堂」だった。どろっとしたルウベースのカレーは何の変哲もない、スタンダードな味だった。頼めば激辛にしてくれるということを除けば。元格闘家の店主、大沢さんは、難敵を片っ端からやっつけるかのように激辛カレーで客という客をノックアウトしていた。一人で食べ切る自信がなく、友人と訪れて恐る恐る口に運んだひと口を僕はいまだに後悔している。

　辛味が味覚ではないということを知ったのは、あれから10年以上後のことだった。基本四味とは、塩味、甘味、苦味、酸味。それに加えてうま味がある。舌の味蕾（みらい）と呼ばれるセンサーが感知するのは、この5種類である。辛味は味覚ではなく、痛覚。刺激だから、たたかれて痛いと感じるのに近い。それゆえ、慣れてくればいくらでも辛味には耐えられるし、人によっては計り知れない常習性を持つ。

　もっと辛く、もっと辛く、もっと辛く……。求める刺激はエスカレートする。数多くの客が、大沢さんの持つサンドバッグにキックを繰り出し続けたんだろう。

唐辛子の辛味
唐辛子の香り
どちらも不可欠

唐辛子は「辛い」という印象ばかりが先行しているが、カレーに唐辛子を加える狙いの半分は、香りづけ。はじめに唐辛子を油でしっかりと加熱するのは、香りを抽出するためである。もし辛味を抑えて香りだけをつけたかったら、殻を割って中の種を取り除くといい。そうすると、少し辛味は和らぐ。いずれにせよ、唐辛子の辛みと香りは、カレーの味わいを引き締めてくれる。

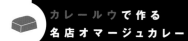
唐辛子カレー

**ピリリと辛味が効いた
和風アプローチのカレー**

材　料 (4人前)

豚ばら肉(スライス)……120g
しいたけ……4枚(80g)
まいたけ……1パック(150g)
玉ねぎ……大1個(300g)
長ねぎ……¼本(50g)
赤唐辛子……4本
にんにく……1片
しょうが……1片
カレールウ(辛口)……3皿分
しょうゆ……大さじ1
水溶き片栗粉……大さじ2
ごま油……大さじ2
水……400ml

作り方

**❶ にんにく、しょうが、
長ねぎを切る**

にんにくは皮をむいて芽を取る。それぞれみじん切りにする。

**❷ 玉ねぎを厚めに
スライスする**

玉ねぎは芯を落として皮をむき、1
～1.5cmの厚さにスライスする。く
っついたまま炒めてしまわないよ
う、ほぐしておく。

❸ 豚ばら肉を切る

豚ばら肉は5cm幅に切り、塩、こしょう少々(分量外)を振る。

**❹ しいたけをスライスし、
まいたけを小房に分ける**

しいたけのかさは厚めにスライスし、
軸は薄くスライスする。まいたけは
小房に分ける。

成功の鍵

❺ 赤唐辛子を炒める

鍋にごま油を入れて中火で熱し、
赤唐辛子を半分に切り、種ごと黒
く色づくまで炒める。

**❻ にんにくと
しょうがを炒める**

中火のままにんにくとしょうがを加
え、サッと炒める。

❼ 長ねぎを炒める

中火のまま長ねぎを加え、<u>よく混ぜ
ながら全体がこんがりと色づくまで
炒める。</u>

**❿ 豚ばら肉、しいたけ、
　　まいたけを炒める**

強火のまま豚ばら肉、❹のしいたけ
とまいたけを加え、ふたをして3分
蒸し焼きにする。<u>豚ばら肉はまんべ
んなく鍋に広げて並べるように。</u>さら
に、表面全体が色づくまで炒める。

⓭ カレールウを溶かし混ぜる

火を止めて1～2分おき、カレール
ウを溶かし混ぜる。

❽ 玉ねぎを蒸し焼きにする

中火のまま玉ねぎを加えて塩少々
（分量外）を振り、<u>ふたをして2分
蒸し焼きにする。</u>

⓫ 水を加えて煮立てる

強火のまま<u>水を2回に分けて加え、
煮立てる。</u>【水の煮立て方☞P97】

**⓮ 水溶き片栗粉を加えて
　　とろみを出す**

再び弱火で加熱して<u>水溶き片栗粉を
加え、ほどよくとろみが出るまで煮
る。</u>

**❾ 玉ねぎをしんなり
　　するまで炒める**

ふたを開けて強火にし、よく混ぜな
がら玉ねぎがしんなりするまで炒め
る。

⓬ しょうゆを加えて煮込む

弱火にしてしょうゆを加え、ふたを
して15分煮込む。

ガラス玉遊戯
インスバイア

20年を味わう
継ぎ足しカレー

継ぎ足す行為とひと晩置く行為には
カレーの味を丸める効果があった

ヘルマン・ヘッセの小説に『ガラス玉遊戯』というのがあるという。読んだことはない。かつて同名の店が国立にあって、特製チキンカレーを何度か食べに訪れていた。店主の堀内さんは、特定のスパイスが突出した味わいが好きではないらしく、全体的に穏やかなカレーだった。取材で作り方を聞いて納得した。なんと、カレーソースを継ぎ足して作っているという。しかも、20年間ずっと……。「ウナギのたれじゃないんですけどね」と言って堀内さんは穏やかに笑った。

カレーを継ぎ足す効果はどこにあるんだろうか？ 20年に及ぶ実験を試みる余裕はないから想像をふくらませる。おそらく味わいが丸みを帯びてくるのだろう。そう、まるでひと晩寝かせたカレーのように。じゃあ、翌日のカレーはどうしてうまいんだろうか？ これについては、すっかり定説であるにも関わらず、これといった正解は誰からも明示されていない。カレーの世界には、この手の謎が多すぎる。

僕の見解はこうだ。ひと晩たってカレーが徐々に冷めていく過程で、具に味がしみ込み、とんがった風味が削れ、味に深みが出る。そういえば、おでんでも肉じゃがでも煮物料理はたいてい翌日のほうがうまいじゃないか。その点に思いを巡らせた結果、僕は一つのテクニックにたどり着いた。ひと晩置く必要はない。一度冷ませばいいはずだ。出来立てを食べず、2時間ほど放置する。これで同じ効果が得られるってわけ。待ってる間、『ガラス玉遊戯』でも読んでみようかな。

寝かせる効果を
短時間で狙うなら
急速冷却

ひと晩たったカレーがおいしいのは、たいていの場合、冷えたカレーを再び加熱することで、ソースが煮詰まり、相対的に前よりも味の濃度が増すためだと考えられる。つまり厳密には、カレーを寝かせたり冷やしたりした結果得られる効果とはいえない。ひと晩かけずとも、常温で1時間、2時間置いておくだけで、味の濃度を増す効果は得られる。

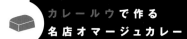
ひよこ豆のカレー

ひと晩寝かせたおいしさを実現した味わい深いカレー

材　料 (4人前)

玉ねぎ……1個

じゃがいも……2個(300g)

トマト……小2個(180g)

ひよこ豆(水煮)

　……1缶(固形量250g)

にんにく……1片

しょうが……1片

香菜……適量

カレールウ……3皿分

植物油……大さじ2

水……300㎖

作り方

❶ にんにく、しょうがを切る

にんにくは皮をむき、包丁の腹で潰す。それぞれみじん切りにする。

❷ 玉ねぎ、じゃがいもを切る

玉ねぎは芯を落として皮をむき、じゃがいもは皮をむく。それぞれ2cm角に切る。

❸ トマトを切る

トマトはヘタを落とし、乱切りにする。

❹ 香菜を切る

香菜はざく切りにする。

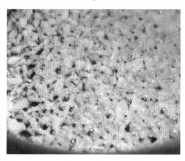

❺ にんにく、しょうがを炒める

鍋に植物油を入れて強火で熱し、にんにく、しょうがを加えて炒める。

❻ 玉ねぎを炒める

玉ねぎを加えて塩(分量外)を振り、ふたをして強めの中火で3分蒸し焼きにし、ふたを開けて強火で表面がこんがりと濃いきつね色になるまで炒める。

❼ じゃがいもを炒める

強火のままじゃがいもを加え、全体に油がからむまで炒める。

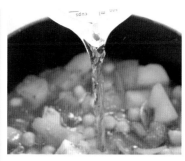

❿ 水を加えて煮立てる

水を2回に分けて注いで煮立て、ふたをして弱火で20分煮る。【水の煮立て方☞P97】

⓭ 鍋を冷やす

火を止めて、氷水をはったボウルに鍋をつけて冷やす。こうすると味のしみにくいひよこ豆にも、ひと晩寝かせたように味がしみる。

❽ トマトを加える

強火のままトマトを加え、混ぜながら形がくずれるまで炒める。

⓫ カレールウを溶かし混ぜる

火を止めてカレールウを溶かし混ぜ、再び弱火で加熱して塩（分量外）で味を調整する。【カレールウの溶かし方☞P97】

⓮ もう一度温める

再び弱火で加熱して温める。

❾ ひよこ豆を加える

ひよこ豆を加えてサッと炒め合わせる。

⓬ 香菜を加えて煮る

香菜を加えてひと混ぜし、ほどよいとろみがつくまで煮る。

グリーンカレー

チェンマイ
インスバイア

タイカレー文化を広めたパイオニア店

フレッシュなスパイスをペーストにすると
スパイスの概念はガラリと変わるはず

正直な話をすると、タイカレーに対しては、僕はまだ少し遠慮がある。本気でこのジャンルに取り組もうという気持ちが湧いていないのは、まだ本当のおいしさに気づいていないからなのかもしれない。タイカレーの印象は、タイカレーペーストの魅力とナムプラーの威力、ココナッツミルクのパンチ力。総合的に考えてうまいカレーになることは容易に想像がつくだけに、探求心をくすぐられるようなことがなかった。

とはいえ、一時期、自作のタイカレーペーストにはずいぶん凝ったことがある。なぜなら市販のタイカレーペーストが僕には辛すぎたから。あれを自分で作れるようになりたい。あちこちのタイ料理店を食べ歩いた時期に出会ったのが、有楽町の「チェンマイ」だっ

た。日本初のタイ料理店との前情報があったから、敬意を払って訪れた。グリーンカレーは風味豊かで、既製品のペーストを使ってもこの香りが出ないことは明白だ。そう、こういうカレーをペーストで作りたいんだよな。

目指す味を確認した僕は、フレッシュなスパイスをあれこれとミキサーにぶち込んだ。カピと呼ばれるえびの発酵調味料の代わりにいかの塩辛や酒盗を使ったりもした。何を加えてもペーストはおいしくなった。乾燥したスパイスに比べ、生のスパイスをペーストにした香りは特別で、新鮮な素材のおいしさを存分に味わっているような贅沢さを堪能した。タイカレーの世界はきっと恐ろしく奥深い。まだまだ勉強が必要だ。

スパイスを選び
ペーストにして
しっかり炒める

タイカレーペーストは、市販のものより手作りのほうが数段おいしく仕上がる。できることならタイ食材を扱う店などで、現地で使われているのと同様の材料を手に入れたい。ここでは、入手が難しい場合の代用レシピを紹介。狙いは、すりつぶしてペーストにすることで、フレッシュな香りを強めること。炒めすぎは香りも色も損なうので禁物だ。

グリーンカレー

手作りペーストの
フレッシュな風味を楽しむカレー

材 料 (4人前)

鶏もも肉……200g
ズッキーニ……2本
ししとう……8本
スウィートバジル……5枚
ナムプラー……大さじ1〜2
ココナッツミルク……400㎖
オリーブ油……大さじ2
水……100㎖

■ペースト用

　青唐辛子……10本
　紫玉ねぎ……½個(40g)
　にんにく……2片
　しょうが……1片
　香菜……1株
　スウィートバジル……10枚
　クミンパウダー……小さじ¼
　コリアンダーパウダー
　　……小さじ½
　いかの塩辛……大さじ1
　砂糖……小さじ2

作 り 方

❶ 鶏もも肉を切る

鶏もも肉はひと口大に切り、塩こしょう少々（分量外）を振る。

❷ ししとうを切る

ししとうはヘタを取り、斜め半分に切る。

❸ ズッキーニを切る

ズッキーニは5㎝長さのくし形切りにする。

成功の鍵

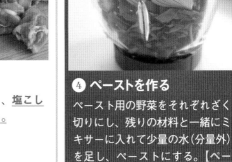

❹ ペーストを作る

ペースト用の野菜をそれぞれざく切りにし、残りの材料と一緒にミキサーに入れて少量の水（分量外）を足し、ペーストにする。【ペーストの作り方☞P104】

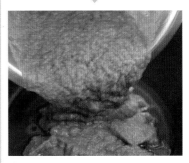

❺ ペーストを炒める

鍋にオリーブ油を入れて中火で熱し、❹のペーストを加えて水分が飛んでねっとりしてくるまで炒める。別の容器に取り出す。

❻ 鶏もも肉を焼きつける

別の鍋にオリーブ油少量（分量外）を入れて鶏もも肉を皮面を下にして並べ、強火でしっかり焼き色がつくまで焼きつける。

⑦ 鶏もも肉を裏返す

鶏もも肉を裏返して中火で表面全体が色づくまで焼いたら、取り出す。鶏もも肉の脂は鍋に残しておく。

⑩ ペーストを加える

強火のまま水を注いで煮立て、⑤のペースト大さじ4を加えて溶く。

⑫ ナムプラーを加える

弱火にしてナムプラーの半量を加え、ふたをして10分煮込む。

⑧ ズッキーニを 蒸し焼きにする

⑦の鍋にズッキーニを入れて塩少々（分量外）を振り、ふたをして強めの中火で5分蒸し焼きにする。途中、鍋をゆすりながら。

⑪ ココナッツミルクを煮立てる

強火のままココナッツミルクを2回に分けて注ぎ、煮立てる。煮立て方は水の場合と同様のやり方で。【水の煮立て方☞P97】

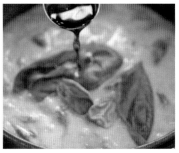

⑬ スウィートバジルを加える

ふたを開けてスウィートバジルを加え、残りのナムプラーを加えてひと混ぜし、さらに3分煮る。

⑨ ししとうを加え、 鶏もも肉を鍋に戻す

強火にしてししとうを加え、鶏もも肉を戻し入れてサッと炒め合わせる。

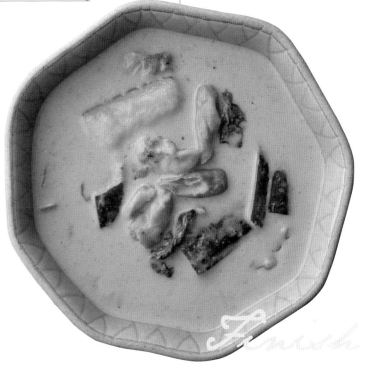

ブイヨンをカレーに使うには?

**ブイヨンは偉大である。水と塩だけで素材の味が存分に抽出される。
そして、見えないところでカレーのおいしさを司るのだ。**

カレーはなぜおいしいのか? こんなストレートな疑問をぶつけられたら、答えに窮してしまう。でも、多くの日本人にとって、おそらくカレーがおいしいと感じる原因は、だしのうま味にあるんじゃないかと思う。だしというのは、昆布やカツオなどの和風のだしに限らない。いわゆるスープストックのことを指すから、代表選手はチキンブイヨンだろう。

ブイヨンのすごいところは、見た目にはカレーに何の影響も与えないのに、味に強烈な影響を及ぼす点である。あるカレーを水で作ろうとブイヨンで作ろうと食べるまではその差に気がつかない。下手したら、口に入れたあともブイヨンの味だとすぐにわかる人は少ないと思う。ところが、じわじわとそのうま味は僕たちの体にしみ込んでいき、脳を支配し、「ああ、うま

い……」と思わせる。油断大敵である。

チキンブイヨンを作るのには、それほど難しいテクニックはいらない。どちらかといえば時間が解決してくれるため、簡単な手順さえ覚えれば、あとは弱い火にかけておき、他の調理に取りかかっていればいい。アクをていねいに取り除きながら煮込んだブイヨンは、本当にしみじみとうまい。市販の"ブイヨンの素"のようなものもあって便利でいいけれど、やはり手作りするとクオリティが違う。

ちなみにインド料理では、スープストックを取るという行為は基本的にしない。インド人はだしのうま味をそれほど重視していないからである。一方、日本人はやっぱりだしのうま味が大好きなのである。チキンブイヨン万歳! しっかりスープを取ろう。

目指すのはこの色

豆知識 チキンブイヨンの作り方

時間こそかかるものの、作り方は簡単。アクはそのつど取るように。

材料（4人前）

鶏がら……800〜1000g
玉ねぎ……1個
にんじん……1本(100g)
セロリ……1本
ローリエ……1枚
ブラックペッパー……20粒
ブーケガルニ……適量
水……2500㎖
タイム(あれば)……1本
パセリの軸(あれば)
　……1本

作り方

1 鶏がらはよく洗って水気をふき取り、玉ねぎ、にんじん、セロリはざく切りにする。

2 鍋に水と鶏がらを入れて強火で熱する。

3 沸騰してきたらアクを取り除き、玉ねぎ、にんじん、セロリを加えて煮込む。

4 ローリエ、タイム、パセリ、ブーケガルニ、ブラックペッパー、塩少々(分量外)を加える。

5 ふたを少しずらし、弱火で2時間煮込む。必要に応じて適宜水を足す。

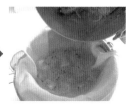

6 煮込み終わったら布でこす。出来上がりの分量は、1800〜2000㎖程度。

第4章
独自のこだわりで築き上げた
唯一無二のアプローチ

個性派カレーの名店編

夢から生まれた
カレーの新機軸

具のおいしさとソースのおいしさを
いいとこ取りするアイデアがあった！

切れ味のいい日本刀のようなカレーソースがたった1種類。それだけで何十年も勝負し続けたカレー専門店がある。高田馬場にあった「夢民」だ。さらりとした舌触りの先にすっきりとしたうま味が感じられる。喉元を過ぎると鼻腔から適度に刺激的な香りが抜けていく。とても上品な味わいのカレーだった。ソースは1種類だけど、具はバラエティ豊かだった。

鶏肉、トマト、ほうれん草、キャベツにベーコン、どの食材も鮮度抜群。とびきり新鮮な卵もあった。好きな具の組み合わせを告げれば店主の高村さんが黙々とフライパンを振り、具を炒めてくれる。適度に火が入ったところでカレーソースをジャーッとやれば、まもなくカレーは出来上がる。炒めるカレー。これは「夢民」が日本のカレー界に打ち立てた新機軸である。

カレーソースは時間をかけてうま味を抽出する調理がいい。でも、具は短時間で素材の味わいを引き出す調理がいい。二つのいいとこ取りを一つのカレーに込めるためには、このスタイルが最適なのだ。高村さん夫妻を取材したとき、カレーのレシピは夢のお告げだったと聞いた。そこから店の名がついた、とも。不思議な話もあるもんだ、と僕は素直に受け止めた。

今でこそ同様のコンセプトでカレーを提供する店が増えたが、当時の「夢民」は、まるで刀1本で荒野を歩くサムライのようだった。シンプルだけど普遍的なあのスタイルを生み出した名店は、今でも僕にとって憧れの的である。

具を炒め、
ソースを合わせれば
あっという間！

市販のカレールウをあらかじめ湯で溶いておくというのは、やったことのない人には違和感のあるプロセスかもしれない。でも、味見をしてみるとわかる。カレールウは溶いただけでもおいしく味わえるのだ。ソースができたら、あとは食べたい具を炒めて合わせればいい。僕が炒（チャー）カレーと呼んでいるこのスタイルは理にかなっていると思う。

炒めカレー

素材の味が活きる炒めカレー
お好みの具材で作ってみよう

材　料 (2人前)

鶏もも肉……200g
トマト……1個(100g)
ほうれん草……½束
にんにく……½片
卵……1個
カレールウ……2皿分
植物油……大さじ1
湯……200ml

作 り 方

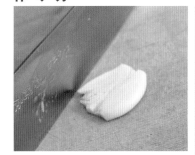

❶ にんにくを潰す

にんにくは皮をむき、包丁の腹で潰す。

❷ 鶏もも肉を切る

鶏もも肉はそぎ切りにして、塩、こしょう少々(分量外)を振る。

❸ トマトを切る

トマトはヘタを落とし、くし形に切る。

❹ ほうれん草を切る

ほうれん草はざく切りにする。

❺ ほうれん草をゆでる

湯を沸かして塩少々(分量外)を入れ、ほうれん草を茎、葉の順にゆでる。あとから炒めるので、ゆで具合は少し硬めでいい。ゆでたら、ザルに上げておく。

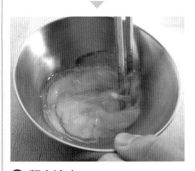

❺ 卵を溶く

卵は溶いておく。

成功の鍵

❼ カレールウを溶く

湯にカレールウを溶いておく。湯に入れて**1～2分おいてから、菜箸でかき混ぜると溶けやすい。**

❿ 鶏もも肉を裏返す

肉を裏返して中火にし、表面全体が色づくまで、さらに焼く。

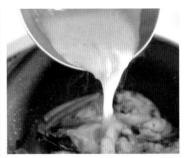

⓭ 溶き卵を加える

中火にして溶き卵を加え、**くずさないようにして火を通す。**鍋を少しゆするくらい。

❽ にんにくを炒める

片手鍋に植物油とにんにくを入れて弱火で熱し、鍋を傾けて揚げるように炒める。**じっくりと時間をかけて炒めることで、にんにくの香りを油に移す**（強火で短時間炒めても香りは出ない）。

⓫ トマトを加える

強火にしてトマトを加え、片面を焼くように炒める。

⓮ カレーソースを注いで煮る

❼のカレーソースを**2～3回に分けて注ぐ。そのつど煮立て、弱火に**してほどよいとろみがつくまで煮る。

❾ 鶏もも肉を焼く

鶏もも肉を皮面を下にして並べ、**強火で焼き色をつける。**

⓬ ほうれん草を加える

強火のままほうれん草を加え、混ぜ合わせるように炒める。

ラムカレー

香鈴亭
インスパイア

閑静な住宅街で
香りの鈴が鳴る

カレーの仕上げを司るのは
香り高きミックススパイスの王様

ガラムマサラという言葉は、あるときからカレーの世界ではすっかり有名になった。きっかけは何かわからないが、インド料理を代表するこのミックススパイスをカレーの仕上げにひと振りするだけで、魔法がかかったように本格的な味になるというわけだから、そりゃ魅力的に響くに決まってる。簡単においしくしてくれる便利なアイテムは、みんな大好きだ。

でも、本当にカレーをおいしくしたいなら、簡単にはいかない。手間をかけなくちゃ。それを教えてくれたのが、国立の「香鈴亭」だった。カウンターだけのこぢんまりとした店だったが、そのカウンターは広々としていて、中央に大理石のすり鉢が埋め込まれていた。タイミングよく入店すると、店主の北川さんが、ゴリ

ゴリ、ゴリゴリ、と大理石のすりこぎを回し、自家製のガラムマサラを仕込む光景に出合える。店内は芳しい空気に包まれ、僕は幸せな気持ちで満たされた。

出来立てのガラムマサラを仕上げにパッパッと加えるだけで、強烈に香り高いカレーが生まれた。ああ、ガラムマサラというのは、こうやって手間をかけて作るものなんだな。その後の僕は、自家製ガラムマサラ作りに勤しんだ。大理石のすり鉢は導入できないけれど、電動のミルなら手に入った。洋書のレシピ本を片っ端から調べつくし、スパイスの配合を20通りも30通りも書き出した。

かくして僕は、少々面倒くさいスパイスマニアへと成長したわけである。「香鈴亭」に感謝しなくちゃ。

ホールスパイスを
焙煎して香りを強め
ブレンドして挽く

出来立てのガラムマサラは想像以上に香り高いもの。ほんのひと振りするだけでカレーの印象をガラッと変えるくらいのインパクトを持っている。それによってメインのカレーの味わいが引き立つわけだ。焙煎して挽くという手作りが難しければ、市販のものでも構わない。ブランドによって香りは千差万別。好みのガラムマサラを探すのも楽しい。

ラムカレー

仕上げに加える
ガラムマサラが芳しい
スパイスカレー

材 料 (4人前)

ラムチョップ
　……10本(骨付きで650g)
玉ねぎ……大1個(300g)
にんにく……1片
しょうが……1片
トマトピューレ……大さじ4
プレーンヨーグルト……100g
■ ホールスパイス
　カルダモン……5粒
　クローブ……5粒
　シナモン……1本
■ パウダースパイス
　ターメリック……小さじ½
　カイエンペッパー……小さじ1
　クミン……小さじ2
　コリアンダー……小さじ1
ガラムマサラ……小さじ¼
塩……小さじ1
はちみつ……大さじ1
植物油……大さじ3
水……400㎖

作 り 方

❶ 玉ねぎを切る

玉ねぎは芯を落として皮をむき、みじん切りにする。

❷ にんにく、しょうがを　すりおろす

にんにくは皮をむき、しょうがとともにすりおろし、100㎖の水(分量外)を加えてジュースにする(P16参照)。

成功の鍵

❸ ラムチョップを切る

ラムチョップは骨と身を切り離し、余分な脂を切り落とし、赤身をひと口大に切る。塩、こしょう(分量外)を多めに振る。肉の総量は450gほどになる。

❹ ホールスパイスを炒める

鍋に植物油を入れて中火で熱し、ホールスパイスを加えて炒める。

❺ 玉ねぎを炒める

カルダモンがふくれてきたら、玉ねぎを加えて塩少々(分量外)を振り、強火で濃いきつね色になるまで炒める。途中、100㎖ほどの湯(分量外)を加えながら炒めると時間を短縮できる。

❻ にんにく、しょうがを加える

強火のままにんにく、しょうがを加えて炒める。

❼ トマトピューレを加える

トマトピューレを加えて強火で炒める。

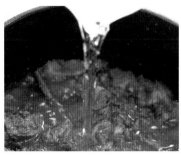

❿ 水を加えて煮立てる

水を注いで強火で煮立てる。【水の煮立て方☞P97】

⓬ はちみつを加えて煮込む

弱火にしてはちみつを加え、ふたをして60分煮込む。

❽ パウダースパイスと塩を加える

弱火にし、パウダースパイスと塩を加えて炒める（スパイスにしっかり火を通す）。

⓫ プレーンヨーグルトを加える

中火にし、プレーンヨーグルトを加えて混ぜ合わせる。

成功の鍵

⓭ ガラムマサラを加える

弱火のままガラムマサラを加えて混ぜ合わせる。

❾ ラムチョップの赤身を加える

中火にし、赤身肉を加えて表面全体が色づくまで炒める。

香りのスープキーマカレー

キーマの上は
香りのファンタジー

ありとあらゆる手段を使って
カレーに香りを加えてみる

　もし、「MURA」の中村さんに再会できたら、夜通し語り合いたいことがある。カレーにおける香りの多様性について、またそのアプローチの自由度について。自由が丘にあったカレーと紅茶の店「MURA」。蔦の絡まる一軒家に入ると、そこは決して広くはないが天井が高く、すばらしく素敵な空間だった。

　シンプルなキーマカレーが定番だった。ライスの中央にひき肉のカレーが盛られ、さらにそのど真ん中に色とりどりの何かが添えられていた。具体的にそれらが何だったのかは記憶にない。いわゆる薬味なのだが、スパイスだけでなく、時には食用の花びらなんかも混ざっていたように思う。同心円状に美しく盛られた"香りの素"は、見た目にも華やかで、中村さんの美意識が作品のように表現されていた。

　口に含めばメリーゴーラウンドのように豊かな香りがグルグルとめぐる。キーマカレーの上はファンタジーの世界だった。確か日本料理の板前の経験もあってカレーに特別な執着はない、と聞いた覚えがある。既成概念にとらわれず、自分の好きな風味を追求した結果があのカレーだったんだろう。あそこに至るまでの試行錯誤や工夫やアイデアについて、今、改めて聞いてみたい。中村さんの連絡先がわからないことが残念だ。

　カレーは香りを楽しむ料理である。「MURA」でカレーを食べながら実感し、食後の紅茶を飲みながら、「そうだ、そのはずだ」と一人確信をしたあの日々は、僕にとって大切な思い出である。

アイテムのセレクトと
加えるタイミングで
香りは大きく変わる

カレーに香りを加えるアイテムは、乾燥したスパイスだけではない。一般的にハーブと呼ばれているフレッシュなスパイスもそうだし、にんにくやしょうが、玉ねぎなどの野菜やごま油などでも香りは加えられる。鍋にさまざまなアイテムを効果的な順番で加えていくことにより、香りの重なり合いが生み出すカレーの味わいを体験してみよう。

香りのスープ
キーマカレー

**スパイスとハーブが豊かな
香りを生むさらっとキーマカレー**

材料 (4人前)

豚ひき肉……100g
鶏ももひき肉……300g
紫玉ねぎ……2個(150g)
にんにく……2片
しょうが……2片
青唐辛子……2本
■ホールスパイス
└ クミンシード……小さじ1
■パウダースパイス
├ ターメリック……小さじ½
├ カイエンペッパー……小さじ½
└ コリアンダー……大さじ1
プレーンヨーグルト……100g
チキンブイヨン……400mℓ
【チキンブイヨンの作り方☞P70】
塩……小さじ1
植物油……大さじ3
ミント(あれば)……適量
ディル(あれば)……適量

作り方

**❶ にんにく、しょうが、
　紫玉ねぎを切る**

にんにくは皮をむいて包丁の腹でたたき、紫玉ねぎは芯を落として皮をむく。さらに、にんにく、しょうが、紫玉ねぎをみじん切りにする。

❷ 青唐辛子を切る

青唐辛子はヘタを落とし、5mm幅の輪切りにする。

❸ ミントを切る

ミントはざく切りにする。

❹ クミンシードを炒める

鍋に植物油を入れて中火で熱し、クミンシードを炒める（クミンシードからブツブツと泡が出るまで）。

**❺ にんにく、しょうが、
　青唐辛子を炒める**

中火のままにんにく、しょうが、青唐辛子を加え、にんにくの香りが立つまで炒める。

❻ 紫玉ねぎの⅔量を炒める

強火にして紫玉ねぎの⅔量を加えて塩少々（分量外）を振り、きつね色になるまで炒める。放置する、混ぜるを繰り返しながら、焦げつかないように火を通す。

⑦ パウダースパイスと塩を加えて炒める

弱火にしてパウダースパイスと塩を加え、粉っぽさがなくなるまで炒める。

⑩ プレーンヨーグルトを加える

中火のままプレーンヨーグルトを加え、サッと混ぜ合わせる。

⑫ 残りの紫玉ねぎを加え、弱火で15分煮込む

残りの紫玉ねぎを加え、ふたをして弱火で15分煮込む。

⑧ 豚ひき肉を加えて炒める

中火にして豚ひき肉を加え、色づくまで炒める。

⑪ チキンブイヨンを加えて煮立てる

強火にしてチキンブイヨンを加えて煮立てる。2回に分け、半分が煮立ったら残り半分を加えて煮立てる。

⑬ ミントとディルを加える

好みでミントとディルを加えてサッと混ぜ合わせる。

⑨ 鶏ももひき肉を加えて炒める

鶏ももひき肉を加え、色づくまで炒める。

ビーフと玉子のカレー

4

西洋と印度が同居
色褪せない名古屋の星

自家製ブイヨンのうま味とスパイスの刺激
異色の経歴が溶け込んだビーフカレー

「コックの仕事は、45歳になったら辞める」。名古屋・本山駅前「ガネーシャ」の豊嶋さんは、そう言った。「コック（5×9）シジュウゴっていってね、洋食の世界では、腕や感覚が鈍り始める歳だといわれてるんですよ」。冗談交じりで説明してくれた豊嶋さんは2004年、45歳で本当に店を閉め、庭師になった。

豊嶋さんはホテルのシェフとしてキャリアをスタートし、西洋料理を習得したのちにインドに渡った異色の経歴の持ち主である。「ガネーシャ」のカレーは、西洋料理のブイヨンのうま味とインド料理のスパイシーな香りを併せ持つ逸品。僕は当時、名古屋で最も好きなカレー店だった。取材のときに調理場を見せてもらったことがある。自家製ブイヨンと自家製ギーのストックに、豊嶋さんのていねいな仕事が凝縮されていた。

ある情報誌のカレー特集で、「読者が選ぶ名古屋のおいしいカレー店ランキング」なるものがあった。見てみると「ガネーシャ」は30位以内にもランクインしていない。ま、まさか!? 我が目を疑った。同じ特集のページをめくると今度は、「カレー店のシェフが選ぶ名古屋のおいしいカレー店ランキング」というページがあった。「ガネーシャ」は堂々の1位だった。妙に納得したのと同時に複雑な気持ちになったのを思い出す。そういう店だった。

時は流れ、僕は庭師になった豊嶋さんと毎年のようにインドへ料理研究旅行に行くようになった。これからもカレーへの熱は冷めることはなさそうだ。

記憶を呼び覚ます香り。
下準備を重ねた
プロならではの調理

豊嶋さんが作るカレーに感じる特徴は、カレーを構成する要素を分解し、それぞれ最適な方法で下準備をするプロセスにある。しかも、すべての調理が驚くほどていねいに行われる。それ以上に衝撃的だったのは、ブイヨンの香りだ。調理場に独特の香りが漂い始めた瞬間、ガネーシャの味が鮮明によみがえった。カレーは香りを楽しむ料理だと改めて認識した。

ビーフと
玉子のカレー

ブイヨンとスパイスで作る
欧風+インドの贅沢カレー

材 料 (4人前)

牛ばら肉……300g

卵……4個

玉ねぎ……2個

トマト……小1.5〜2個（150g）

にんにく……1片

しょうが……1片

カシューナッツ……大さじ1

ヨーグルト……大さじ1

■ホールスパイス
└ クミンシード……小さじ1

■パウダースパイス
　チリパウダー……小さじ½
　パプリカパウダー……大さじ1
　ターメリックパウダー……大さじ⅓
　クミンパウダー……大さじ1
└ コリアンダーパウダー……大さじ1

ガラムマサラ……小さじ½

塩……大さじ½

しょうゆ……小さじ1

ウスターソース……小さじ1

ローガン（自家製ギー※）……大さじ2

■ブイヨン
　鶏がら……400g
　セロリ……1本
　にんじん……⅓本
　ローリエ……2枚
　カルダモン……3粒
　クローブ……6本
　フェンネルシード……小さじ2
└ シナモン……1本

※マトンカレーを作ったときに表面に浮いた油を保存しておいて使用。

作 り 方
[卵の仕込み]

❶ 鍋に水を入れ卵をゆでる

鍋に水を入れ、塩と酢（いずれも分量外）を加えて混ぜ合わせ、卵を入れて強火で熱する（塩は卵を浮かせるため、酢は鍋の変色を防ぐために入れる）。

❷ 菜箸で卵を回す

沸騰するまでと沸騰後3分間は、菜箸でかき混ぜて卵を回しながらゆでる（卵の黄身が端に偏るのを防ぐため）。

❸ 流水で卵を冷やす

煮立って10分たったら、鍋ごと流水にあてて卵を冷やす。

❹ 卵を素揚げにする

卵がよく冷えたら皮をむき、200℃の油（分量外）で素揚げにする（揚げることで卵の表面にカレーソースが絡みやすくなる）。

[ブイヨンの仕込み]

❺ 鶏がらをきれいにする

鶏がらはフォークで内臓などをていねいに取り、水にさらす。

❻ 鶏がらを水から煮る

鍋に水（分量外）を入れ、鶏がらを加えて中火で熱する。水の量は、鶏がらがかぶるか、かぶらないかぐらい。多すぎるとふきこぼれるので注意。

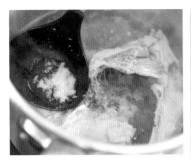

❼ アクをすくい取る

アクは何度もこまめにすくい取り、落ち着いたら弱火にする。

▼

成功の鍵

⑧ セロリ、にんじん、ホールスパイスを加える

煮立ってしばらくしたら、セロリ、にんじん、ローリエ、カルダモン、クローブ、フェンネルシード、シナモンを加える（ブイヨンにホールスパイスを加えて煮込むのは、豊嶋シェフ独自の手法）。

▼

❾ 弱火で6時間煮る

弱火のまま6時間煮る。

❿ ていねいにこす

振りザルや平ザルと木べらなどを使って、ていねいにこす。

[ビーフの仕込み]

⓫ 牛ばら肉の脂身を取る

牛ばら肉は脂身をていねいにそぎ落とす。

▼

⓬ フライパンで牛ばら肉の表面を焼く

フライパンに植物油（分量外）を適量入れ、牛ばら肉の表面を焼く。

⓭ ブイヨンで牛ばら肉を煮込む

鍋に❿のブイヨンを入れて煮立たせ、表面を焼いた牛ばら肉を加えて、弱火で3～4時間煮込む。ブイヨンは常温で冷ましておく。

[玉ねぎの仕込み]

成功の鍵

⓮ 玉ねぎを切って炒める

玉ねぎは繊維に対して垂直にスライスし、別の鍋に植物油（分量外）を加えて、中火で焦げないように炒める。焦げそうになったら水（分量外）を適量加える。

▼

⓯ 玉ねぎを冷ます

玉ねぎが透き通った状態になったら鍋から出し、バットに入れて冷ましておく。

⑯ **玉ねぎとブイヨンを
ミキサーにかける**

玉ねぎが冷めたら<u>ミキサーに入れ、
冷ましておいたブイヨン少々を加え
る</u>。

成功の鍵

⑰ **玉ねぎをペーストにする**

玉ねぎをミキサーでペーストにして、
器に移す。

[カレーソースの仕込みと仕上げ]

成功の鍵

⑱ **カシューナッツと水を
ミキサーにかける**

空いたミキサーにカシューナッツ
を入れ、水（分量外）少々を加え
てミキサーにかける。粒がなくな
るまで何度も繰り返す。

⑲ **ヨーグルトを加える**

ミキサーのカシューナッツペースト
にヨーグルトを加える。

⑳ **トマトを加える**

くし形に切って皮をむいたトマトも
加える。

成功の鍵

㉑ **ペーストにする**

もう一度ミキサーにかけて、ペー
ストにして、器に移す。

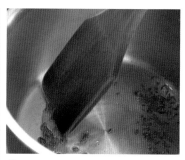

㉒ **クミンシードを炒める**

鍋にローガンとクミンシードを入れ
て中火で熱し、<u>焦がさないように炒
める</u>。

㉓ **にんにく、しょうがを炒める**

すりおろしたにんにくを加えて炒め
る。鍋底に焦げつきそうになってき
たら、すりおろししょうがを加え、
<u>焦げないようにかき混ぜながら炒め
る</u>。

㉔ **玉ねぎペーストを加える**

⑰の玉ねぎペーストを加え、<u>焦げな
いように炒める</u>。

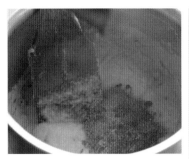

㉕ パウダースパイスを加える

ガラムマサラ以外のパウダースパイスを一度に加える。

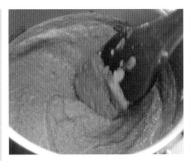

㉘ 弱火で30分炒める

鍋の中のペーストを煮立たせて、弱火で30分炒める。

㉛ 牛ばら肉をちぎって加える

⑬の煮込んだ牛ばら肉を、手でひと口大にちぎって加える。

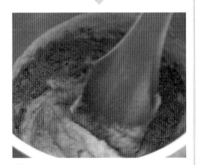

㉖ 玉ねぎペーストとパウダースパイスを炒める

玉ねぎペーストとパウダースパイスをよくかき混ぜながら炒める。

㉙ ブイヨンを加える

ペーストの表面に油が少し浮いてきたら、⑩のブイヨンを加えて煮込む。

㉜ 卵を加えて加熱する

❹の素揚げ卵を加えて、温まれば出来上がり。

㉗ カシューナッツ・ヨーグルト・トマトのペーストを加える

スパイスの香りが立ってきたら、㉑のカシューナッツ・ヨーグルト・トマトのペーストを加える。

㉚ 塩、ガラムマサラ、しょうゆ、ソースを加える

しばらく煮込んだら味見をして、塩を加える。さらに、ガラムマサラ、しょうゆ、ウスターソースを加える。

水野仁輔×豊嶋光男

うま味、香り、とろみ。
すべてを考えたら、あのカレーに行き着いた

欧風とインドを融合させた名古屋「ガネーシャ」のカレー。
独特のスタイルがどのように生まれたのか、豊嶋光男シェフに直撃した。

欧風カレーとインドカレーの
"いいとこ取り"から生まれたスタイル

水野 豊嶋さんは、ホテルの洋食コックからキャリアをスタートしてカレーと出会い、その後インドへ渡り、帰国して「ガネーシャ」を開きました。そのとき、ホテルのような欧風カレーという方向も、インドで学んだ現地の味という方向も選択肢としてあった中で、どちらでもない形になったのは、どういう考えからですか？

豊嶋 最初は両方やったんです。欧風カレーもインドカレーもやりましたが、小さな店でお客様の数も少ないし、当時はインド料理も今ほど知られていなかった。それでお客様のニーズに合わせて絞り込んでいったら、いいとこ取りのカレーになったんです。

水野　いいとこ取りをするときに、これは外せないなと思った要素は何ですか。

豊嶋　うま味、つまりブイヨンですね。

水野　ガネーシャのカレーで根本的に大事なのはブイヨンというわけですね。それは、ホテル時代のブイヨンとは違うんですか。

豊嶋　違います。カレーの中にホールスパイスが入っているとお客様から「何だ、これは」「種が入っている」（笑）とクレームになるので、ブイヨンを取るときにホールスパイスを入れて香りをつけるようにしました。

水野　ブイヨンを取るのは欧風の方法だし、香りの部分はインド料理の影響が強いですよね。玉ねぎやカシューナッツをペーストにするのは、どういう理由ですか。

豊嶋　とろみのあるカレーのほうが高級感につながるからです。ナンではなくライスでいこうと決めていたので、シャバシャバのカレーがいいかと思ったんですが、ホテルの先輩に「それでは高級感がない」と言われたこともあり、じゃあとろみでいくかと。

水野　ローガンはどうやって作っていたんですか。

豊嶋　インドで習ったんですが、マトンカレーを作るときに油の上澄みをすくって「これがすべての料理の素だ」と。ジャガイモを炒めるとき、サモサを作るとき、ライスを炊くとき、すべてに使えます。カレーを作るたびに油をすくって、注ぎ足して補充し、ずっと何年も使っていました。ウナギのたれと一緒です。

味の決め手は
スパイスよりも塩と唐辛子

水野　ガネーシャの閉店から12年たって、豊嶋さんにとって、今おいしいカレーとはどういうカレーですか。

豊嶋　一番大切なのは、スパイスより塩と唐辛子だと思います。高級じゃなくていいから、スパイスに負けない塩。天然塩とか。それから、唐辛子は辛すぎても甘くてもダメ。ほかのスパイスを活かす辛さを持った唐辛子。この2つが活かされているカレーですね。あとは、うま味がちゃんとあること。

水野　もう一度、カレー屋をやろうとは思いませんか。

豊嶋　夢と野望はあります。

水野　うおっ！　ホントですか。

豊嶋　やるなら今度は趣味で、自分のやりたい料理を作ります。カレー屋というよりインド料理屋＋αですね。

水野　豊嶋さんの趣味の店、楽しみにしています！　では、最後に、豊嶋さんにとってカレーとは何ですか。

豊嶋　"ラッキーアイテム"ですね。カレーに出会わなかったら、こんなに楽しい人生を送っていなかったと思います。水野さんとも会えなかったでしょうし、インドへ行ったりすることもなかったはずです。

水野　お忙しい中、本当にありがとうございました！

豊嶋光男

ホテルのコックとして勤務の後、インドへ渡って料理修業。帰国後、1987年に名古屋で伝説の名店「ガネーシャ」をオープン。名古屋で初めてスープカレーを手掛けたことでも知られる。2004年の閉店後は庭師として、また名古屋スパイス番長としても活躍。

かくし味を上手に使うには？

かくし味はかくして使うこと。狙いを定めて選択し、適量を加えるのがコツだ。過ぎたるは猶及ばざるが如し。そう覚えておこう。

たとえば、カレーのかくし味にチョコレートを使ってみようと考えたとする。甘味とほんのりした苦味が加われば、奥深い味わいに仕上がるに違いない。さて、チョコレートを買いに行こうか。いざスーパーのチョコレート売り場に行って、棚の前で悩んでしまうだろう。普通のチョコレートのほかにビターチョコが売られている。ビターチョコにしたほうが大人っぽい味になるかもしれない。横に目をやると、ミルクチョコレートがある。ミルクか。乳製品のうま味が加わるし、まろやかなカレーに仕上がりそうで魅力的だ。

チョコレートといえば、アーモンドチョコやカシューナッツ、ピーナッツの入ったチョコレートがある。ナッツのうま味も、悪くない。香ばしさも出そうだ。チョコクッキーを加えたら、クッキー部分はどんな味を生み出すのだろうか。そういえば、ウイスキーが入ったチョコレートもあった。お酒の風味がカレーに加わるのも悪くない。エイヤッと目をつむってどれかを選んだとして、今度はどのくらいの量を加えたらいいかが悩ましい。

そう、カレーのかくし味は意外に侮れないテーマなのである。カレーのかくし味にはありとあらゆる素材が使える。それぞれの味わいを確認したうえで、メインのカレーの味をどうしたいのかによってかくし味を選択し、使用量を決める。明確なコンセプトを自分の中で持つことが大事になる。何でもかんでも少しずつ入れてみる、というのは奥深い味を生みそうだが、意外に混乱のもととなるから気をつけたい。適切な味を適量加えるというのが、かくし味の基本である。

豆知識 かくし味を理解する四味のマトリックス

かくし味に使う食材と味わいの関係は下の通り。欲しい効果を狙って使いたい。

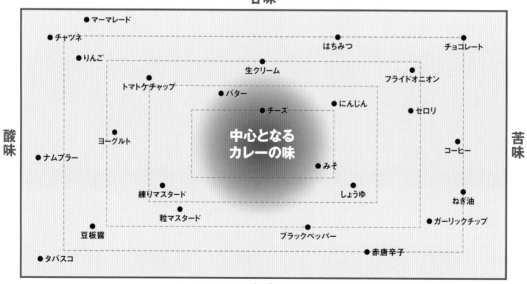

第**5**章

まぼろしカレーを
さらにおいしくする7つの方法

いつものカレーを
グレード
アップ編

この章では、水野流カレー作りで
いちばん大切な基本テクニックを2つ紹介します。
また、スパイスのブレンドやカレールウ選びに必要な知識も伝授します。
これらの考え方やテクニックをしっかりマスターすれば、
いつものカレーが確実に生まれ変わります。
本書で紹介しているカレーも、
さらにグレードアップすること間違いなし!

いつもの材料とルウで作る

家ポークカレー

脱水で
極める

一つめの基本テクニックは「脱水」。
素材に含まれている水分を抜くことで味がしみこみやすくなり、
うま味が凝縮される。すると、いつもの材料で作るのに、
いつもと違うポークカレーになる。

材料 (4人前)

■ 具
- 豚もも肉……200g
- 玉ねぎ……1.5個
- にんじん……1本(150g)
- じゃがいも(男爵)……2個(200g)

■ その他
- カレールウ……4皿分
- 植物油……大さじ2
- 水……500mℓ

材料は切る前に冷蔵庫から取り出して
常温にしておくことで味が出る。
切るときはなるべく均等に切り分け
まんべんなく火が通るようにしよう。
豚もも肉は事前に振っておく
塩が大事なポイント。

❶ 玉ねぎをくし形に切る

玉ねぎは半分に切り、芯を落として皮をむき、くし形に切る。包丁は斜めに入れるのではなく、<u>玉ねぎを傾けながら、まな板に対して垂直に切るといい</u>。切った玉ねぎはほぐしてバラにしておく。

❸ じゃがいもを切る

じゃがいもは皮をむき、¼の大きさに切る。

❷ にんじんをひと口大の乱切りにする

にんじんは皮をむき、ひと口大の乱切りにする。火が通りにくいので、大きくなりすぎないように注意。

❹ 豚もも肉に塩、こしょうを振る

<u>豚もも肉は塩、こしょう少々（分量外）を振り、脱水しておく</u>。下味をつけるとともに、余分な水分を抜いておくことで、うま味がしみ込みやすくなる。

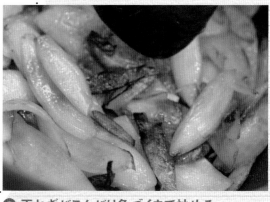

家ポークカレー

STEP 2

炒める

玉ねぎを上手に炒められるかどうかが
味の完成度を左右する。
蒸すようにして3段階に分けて炒め、
中までじっくりと火を通すこと。
豚もも肉は表面が
こんがり色づくまで炒めよう。

❸ 玉ねぎがこんがり色づくまで炒める

ふたを開けて強火にする。玉ねぎがしんなりとして、
表面がこんがり色づくまで炒める。

❶ 玉ねぎを炒める

鍋に植物油を入れて中火で熱し、玉ねぎを加えて塩
少々（分量外）を振り、ふたをして3分、蒸すように
して火を通す。塩の脱水効果で玉ねぎの水分を抜き、
うま味を凝縮させる。

❹ 豚もも肉を炒める

強火のまま豚もも肉を加えて炒める。生の部分がなく
なり、表面が全体的にこんがり色づくまで炒める。

❷ 鍋の中をかき混ぜる

ふたを開け、蒸し焼きにした玉ねぎをサッとかき混ぜ、
鍋の底と側面に接していなかった部分にもしっかり火
を通す。中火のまま再びをふたをして2分蒸し焼き
にする。

❺ にんじんとじゃがいもを炒める

強火のままにんじんとじゃがいもを加え、全体に油が
いきわたるようにサッと混ぜ合わせる。

一気に水を加えると鍋を冷ましてしまうので、
3回に分けて加えることが大切。
アクはうま味の“素”でもあるので
味見してみて雑味がないようなら、
取らなくてもいい。

❶ 水を3回に分けて加える

強火のまま水を3回に分け、⅓量ずつ加える。その
つど煮立ててから次の水を加える。湯を使って一気に
煮立ててもいい。湯を使うと鍋の中を冷まさずに済む
ので、一度に加えてよい。

▼

❷ アクを取る

アクを取る。鍋を軽くゆするとアクが1ヵ所に集まる
ので取りやすくなる。アク取りを軽く上下に振り、汁
を鍋に戻してアクだけを取るようにするのもポイン
ト。

▼

❸ 弱火で20分煮る

ふたをして弱火で20分煮る。

❹ カレールウを加える

火を止めて1〜2分おき、沸騰がおさまるのを待って
からカレールウを加える。菜箸でカレールウをはさん
で振りながら溶かすと、カレールウが均等に混ざり、
具材も傷つかない。

▼

❺ 中火で再び加熱する

中火で再び加熱して、ほどよくとろみがつくまで煮込
む。

素材をベースと具に分けて作る

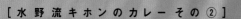

役割分担
で極める

レストランの
ビーフカレー

二つめの基本テクニックは「役割分担」。カレーソースのベースになる素材と、
具になる素材を分けて調理する。そうすることで、
これまでの家カレーとは別次元のレストランカレーが出来上がる。

材料 (4人前)

■具
　牛もも肉……200ｇ
　じゃがいも(男爵)……2個(200ｇ)

■ベース
　玉ねぎ……1.5個
　にんじん……1本(150ｇ)

■その他
　カレールウ……4皿分
　植物油……大さじ2
　水……600ml

レストランのビーフカレー

STEP 1
切る

玉ねぎとにんじんを細かくするのは、
カレーソースの「ベース」にするため。
じゃがいもは食べやすいサイズに切り「具」にする。
ベースにするか具にするかによって
食材へのアプローチが変わってくる。

❶ 玉ねぎをみじん切りにする

玉ねぎをみじん切りにする。最初は繊維と平行に包丁を入れ、刃元の辺りは箸1本分くらいの高さを残して切る。次に繊維と垂直に切る。こうすると一気にみじん切りができる。

▼

❷ にんじんをすりおろす

にんじんは皮をむき、すりおろす。

❸ じゃがいもを4等分に切る

じゃがいもは皮をむき、4等分に切る。

▼

❹ 牛もも肉に塩、こしょうを振る

牛もも肉は塩、こしょう少々 (分量外) を振り、脱水しておく。

レストランのビーフカレー

STEP 2
炒める

みじん切りにした玉ねぎと
すりおろしたにんじんでベースを作る。
このベースの出来が
そのままうま味の素になるので
しっかりと炒めよう。

❶ 玉ねぎを蒸し焼きにする

鍋に植物油を入れて中火で熱し、<u>玉ねぎを加えて塩少々（分量外）を振ってふたをし、3分ほど蒸すようにして火を通す。</u>

❷ 玉ねぎを濃いきつね色になるまで炒める

ふたを開け、蒸し焼きにした玉ねぎをサッとかき混ぜ、強火にして5分炒める。5分たったら再びサッとかき混ぜ、中火にしてさらに5分、<u>玉ねぎが濃いきつね色になるまで炒める。</u>

❸ にんじんを炒める

にんじんを加えて強火でサッと炒める。鍋をかき混ぜながら全体に油がいきわたったら、中火にして5分、きつね色になるまで炒める。この玉ねぎとにんじんがベースになる。

❹ 牛もも肉を炒める

中火のまま牛もも肉を加えて炒める。生の部分がなくなり、<u>表面が全体的にこんがり色づくまで炒める。</u>

STEP 3
煮る

ここでのポイントは、煮汁をザルでこすこと。
アクなどの雑味を落とすことで
野菜や肉の甘み、うま味がハッキリする。
カレールウのとろみはお好みで。

❶ 水を3回に分けて加える

強火のまま水を3回に分け、⅓量ずつ加える。その
つど煮立ててから次の水を加えるように【水の煮立て
方☞P97】。湯を使って一気に煮立たせてもいい。煮
立ったらアクを取る。

▼

❷ 弱火で30分煮る

ふたをして弱火で30分煮る。

❹ 煮汁と具を合わせて煮る

鍋に❸の煮汁と牛もも肉、じゃがいもを入れ、中火で
30分煮る。

▼

❸ 牛もも肉を取り出して煮汁をこす

火を止めてふたを開け、牛もも肉を取り出し、煮汁は
ザルでこして別の鍋に入れておく。へらで押しつぶし
てしっかりと汁気を落とすように。または、ふきんに
包んでしぼる。

▼

❺ カレールウを加えて再び加熱する

火を止めて1〜2分おき、カレールウを加える。中火
で再び加熱して、ほどよくとろみがつくまで煮る。じ
ゃがいもはつまようじを刺してやわらかくなっているか
チェックする。【カレールウの溶かし方☞P97】

選び抜いたスパイスでブレンドしたい

手作りカレー粉で自分好みの風味に

ココがポイント！

市販のカレー粉には20種類以上のスパイスが使われている。多いものは30種類以上。でも、そんなにたくさんをブレンドしたら、雑味が出てしまう。だから、必要最低限のスパイスを選抜して、ブレンドするのがおすすめ。

応用できるレシピ

P14 …… 濃縮ドライキーマカレー
P22 …… 白身魚のココナッツカレー
P36 …… 夏野菜のカレー
P44 …… サグチキンカレー
P50 …… あめ色玉ねぎのチキンカレー
P54 …… 洋食屋さんのチキンカレー

材料 (4人前)

クミン…小さじ3

パプリカ…小さじ½

ディル…小さじ¼

カルダモン…小さじ1

ターメリック
小さじ3

コリアンダー
小さじ3

シナモン…小さじ¼

ジンジャー
小さじ1

フェヌグリーク
小さじ1

クローブ
小さじ½

カイエンペッパー
小さじ1

フェンネル
小さじ½

作り方

❶ パウダースパイスをブレンドする

さまざまな色味と香りのスパイスを一つに混ぜ合わせていく。全体が完全に一つの香り、一つの色になるまできっちりと混ぜよう。

❷ 鍋を火にかけてじっくり煎る

スパイスはただ混ぜただけでは香りが十分立たない。加熱して温度が上がることで香りが引き立つ。焦がさないように注意して、弱火でじっくりと焙煎しよう。

❸ 密閉容器に入れて熟成する

焙煎が終われば完成だが、そのまま使うよりも、熟成させたほうが風味がまろやかになる。1週間、1か月、3か月と時間がたつほど変化が生まれていく。

🌱豆知識

中村屋　S&B　インディア　インデラ・
　　　　　　スパイス&マサラ　カレー
　　　　　　カンパニー

市販カレー粉の選び方

スパイスの配合によって、カレー粉の香りはだいぶ違っているが、正解はない。ただし傾向として、使用するスパイスの種類が多ければ多いほど日本式のカレー粉であり、種類が少なければ少ないほどインド式である。いろいろと試してみて自分の好みに合ったものを見つけたい。

自分好みの組み合わせを見つけたい
手作りガラムマサラで食欲をそそる香りに

ココがポイント！

好みのスパイスをブレンドしてガラムマサラを自分で作れるようになったら、もうインド人レベル。電動のミルが必要なのでちょっとハードルが高いが、石製のすり鉢などでも近いものは作ることができる。

応用できるレシピ

P76……**ラムカレー**

材料 (4人前)

クミンシード…小さじ3

ブラックペッパー…小さじ山盛り1

シナモンスティック…1本

クローブ…小さじ1

カルダモン…12粒

作り方

❶ ホールスパイスを鍋で煎る

ガラムマサラはホールスパイスから作りたい。スパイスを準備したら鍋に入れ、中火で熱する。火が通りにくいので、しっかり焙煎して香りを立てよう。

❷ 火を止めて余熱で香りを引き立たせる

火が入りすぎると香りが飛んでしまうので、鍋の中から少し強めに香りが立ち上ってくるようになったら火を止める。余熱でスパイスの中心まで熱を入れていくように。

❸ ミルに入れてパウダー状に挽く

粗熱が取れたら電動ミルに移す。あとは、挽くだけ。すべてのホールスパイスがパウダー状になり、よく混ざり合うまでミルを回そう。

🌱豆知識

GABAN　　S&B　　マスコットフーズ

市販ガラムマサラを知る

どんなガラムマサラを選ぶのかは、はっきりいってお好み次第。一度に大量に使うものではないが、カレーに与える影響は大きい。余裕があればいくつかのガラムマサラを同時に手に入れて、香りの違いを確認してみたい。ミックススパイスの魅力を知るいいキッカケとなるはずだ。

生のスパイスはこんなにも香り高い!
手作りペーストで味も香りも奥深く

| ココがポイント! | 応用できるレシピ |

タイカレーペーストは、手作りに限る。市販のペーストはタイからの輸入ものが多く、日本人にとっては辛すぎる。タイで使われているものと同じ食材が手に入ればいいが、代用もできる。一度はこの奥深い味を体験してほしい。

P66……グリーンカレー

材料 (4人前)

青唐辛子……10本
紫玉ねぎ……½個(40g)
にんにく……2片
しょうが……1片
香菜……1株(8g)
スウィートバジル……10枚
クミンパウダー……小さじ¼
コリアンダーパウダー……小さじ½
いかの塩辛……大さじ1
砂糖……小さじ2

豆知識

印度の味　　イエローカレーペースト

レッドカレーペースト　　グリーンカレーペースト

市販のカレーペーストの違い

たいていのブランドは、レッド、イエロー、グリーンの3色を取りそろえている。風味はお好みで。インドカレーのペーストもあって便利。試してみよう。

作り方

❶ 材料を小さく切る

ペーストの材料は、ミキサーにかけやすいようにすべて小さいサイズに切る。野菜もスパイスもハーブも生のものはすべて香り高く、ペーストを風味豊かにしてくれる。

❷ ミキサーにかける

ミキサー、またはブレンダーでペーストにする。少量の水を加え、なめらかなペースト状になるまで混ぜる。時間をかけすぎると香りが飛んでしまうので注意しよう。

❸ 鍋でペーストを炒める

鍋に少量の植物油(分量外)を入れてから火にかけ、油が温まったらペーストを加えて炒めていく。火が強すぎると焦げることもあるので、中火程度でじっくりと炒める。

❹ 水分が飛ぶまで炒める

火が入るにつれて徐々にペーストの水分が飛ぶ。色は鮮やかな緑色から少しくすんだ色に変化する。鍋を傾けても落ちてこない程度の硬さになるまで、しっかり炒めて水分を飛ばしたい。

食べたい味に合わせてカレールウを選択しよう

好みに合った カレールウを選ぶ

ココがポイント！

カレールウはブランドによって味も香りも全く違う。前提として値段の高いものほどおいしいが、食べなれた味が何かによってブランドの好みは分かれる。複数種をブレンドするのがいいというのもケースバイケース。結局、いろいろ試してみるのが好みを知る近道だ。

応用できるレシピ

P 6 …… 豚ばら肉のカレー
P10 …… 赤ワイン仕込みのビーフカレー
P18 …… 翌日の焼きカレー
P58 …… 唐辛子カレー
P62 …… ひよこ豆のカレー
P72 …… 炒めカレー

豆知識

市販のカレールウの特徴

カレールウは、味の傾向によって4つのグループに分けられる。
求める味に合わせた適切なルウ選びをしよう。

高級感

高級感あふれるカレールウ

良質な（原価の高い）材料が使われているため、味のグレードも高い。ディナーカレーは最もスタンダードな味。ザ・カリーは煮込みブイヨンのうま味が特徴。ZEPPIN はルウの構成要素がユニーク。それぞれに個性豊か。

プレミアム熟カレー

こくまろカレー

とろけるカレー

ディナーカレー　ザ・カリー

ZEPPIN

スパイシーなカレールウ

最も古くから親しまれてきたジャンル。カレールウにしては、スパイスの香りをハッキリ感じられるのが特徴。上級者向け。ゴールデンカレーは歴史のあるブランド。ジャワカレーは力強いスパイスの香りと辛味がウリ。

ゴールデンカレー

ジャワカレー

コクを重視したカレールウ

日本人がカレーに求めるおいしさの代表格「コク」を重視したカレールウ。ひと晩寝かせたおいしさを売りにした２段熟カレーに続き、こくまろカレー、とろけるカレーなどが開発された。今は安く手に入るジャンルでもある。

家庭的で食べやすいカレールウ

カレーは辛いもの、というかつての既成概念を覆したジャンル。甘くてまろやかで女性や子供に優しいカレールウ。そのせいか、バーモントカレーは、日本で最も親しまれている。小麦粉のとろみが強いので初心者向け。

バーモントカレー

家庭的　コク ——————— スパイシー

スパイスのルールはこんなにも簡単!
カレー作りに必要な
スパイスは "6C+1T"

ココ が ポイント!

カレーを作るのに最も欠かせないスパイスは、4種である。ターメリック、カイエンペッパー、クミン、コリアンダー。さらに3種を追加するならば、カルダモン、クローブ、シナモン。各スパイスの頭文字を取って、"6C + 1T"。配合にも基本的なルールがある。

応 用 で き る レ シ ピ

P28……骨付きチキンカレー
P32……バターチキンカレー
P40……えびのホワイトカレー
P76……ラムカレー
P80……香りのスープキーマカレー
P84……ビーフと玉子のカレー

パ ウ ダ ー ス パ イ ス

ターメリック *Turmeric*

鮮やかな黄色と土の匂い。ターメリックのないカレーは、なぜかどことなく物足りない。でも加えすぎると苦味が出てしまう。不思議なスパイス。使用するのは少量だが、カレーの根幹を成す重要な存在。

カイエンペッパー *Cayenne Pepper*

唐辛子の粉。赤くていかにも辛そう。そして、強烈に辛い。でも、カイエンペッパーのかくされたもう一つの魅力は、香り。パプリカに似た香ばしい香りがカレーの味わいをおいしく仕上げてくれる。

クミン *Cumin*

単体で最もカレーの印象に近い香りを持っているスパイス。ツンとする刺激的な香りが加わるとカレーの風味がキリリと引き締まる。大量に使っても味がぶれにくい。ホールスパイスとしてもよく使われる。

コリアンダー *Coriander*

葉を指して "パクチー" や "香菜 (シャンツァイ)" と呼ばれることが多いスパイス。種を乾燥させたもので、軽やかな香りを持つ。独特のとろみを作り、さまざまなスパイスのバランスを取る役割も持っている。

ホ ー ル ス パ イ ス

カルダモン *Cardamon*

上品で爽やかな香りを持つスパイス。薄緑色をした殻の中に黒い種があり、長時間煮込むことで香りがジワワと抽出される。煮込む前に油で炒め、プクッとふくらませることで香りが出やすくなる。

クローブ *Clove*

漢方薬のような少しクセのある奥深い香りを持つスパイス。加えすぎると苦味が強くなる。好き嫌いが分かれやすいスパイスだが、一度好きになるとやみつきになる可能性もあって、独特の魅力を持っている。

シナモン *Cinnamon*

甘い香りを持つよく知られたスパイス。木の皮を剥いで乾燥させたもの。カレーに深みをもたらしてくれるが、使う量が多すぎると全体の風味が壊れるので気をつけたい。パウダーで使うことはほとんどない。

パウダースパイス
基本の配合

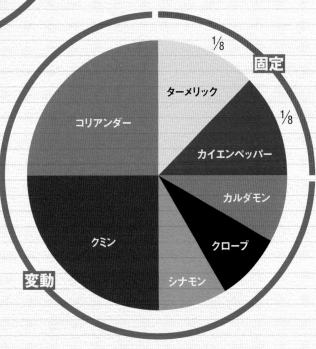

固定
ターメリック 1/8
カイエンペッパー 1/8

変動
コリアンダー 3/8
クミン 3/8

基本的な考え方を習得し その先は好みでアレンジ

スパイスを使うときに最も大切なことは、バランス。配合の仕方には基本的なルールがある。それが習得できれば、あとは自分の好みに合わせてアレンジができる。ターメリックとカイエンペッパーは控えめに。クミンとコリアンダーはたっぷり。クミンを多めにしたり、コリアンダーを多めにしたりして風味の違いを確かめよう。

"6C+1T"
基本の配合

香り、色、辛味。スパイスの 3つの役割をバランスよく

パウダースパイスと併用して、カルダモン、クローブ、シナモンなどのホールスパイスを使うときの基本的な考え方を知っておくと便利だ。この場合も全体の中でのターメリックとカイエンペッパーの比率は固定。その他を複数種のスパイスで構成する。ホールスパイス3種を比較的少なめにするとバランスが取りやすい。

固定
ターメリック 1/8
カイエンペッパー 1/8
コリアンダー
カルダモン
クローブ
クミン
シナモン

変動

豆知識

ハーブは仕上げに活躍する
"フレッシュスパイス"

**ハーブとは何か、ご存じだろうか？
それは、強く魅力的な香りを持った生のスパイス。
まずは、自分の好みの香りを知ることから始めよう。**

スパイスの中で軽視されがちなのは、フレッシュなもの。ハーブと呼ばれることもあり、バラエティ豊かな香りが楽しめる。調理の途中で加えて炒めたり、煮込みの段階で加えたり、仕上げに混ぜ合わせたりと万能だ。

ラストエッセイ

僕はカレーに恋をした

始まりがあれば終わりもある。さまざまな恋、数々の大切な宝物、最愛の店との別離……。カレーと出会い、カレーと別れた日々が僕を育ててくれた。

世の中に"カレー"というとびきりおいしい料理があることを僕に教えてくれたのは、静岡県浜松市にあった「ボンベイ」というインドカレー専門店だった。小学校に上がるか上がらないかのころに出会って以来、いつしかとりこになっていた。小学校、中学校、高校と、とにかく通い続けた。なけなしの小遣いをどれだけつぎ込んだことだろう。大学進学のために上京することになったとき、僕は「ボンベイ」とお別れをしなくてはいけなくなった。不思議と寂しさはなかったが、その代わりに一抹の不安と焦りを感じた。「ボンベイ」なしで、僕は果たして東京で生活していけるだろうか。

東京生活の始まりと同時に僕は「ボンベイ」の幻影を追い求めることとなる。都内のカレー専門店を食べ歩き、インド料理店でアルバイトをした。自宅にスパイスを買い込んできた。やることといったらもちろん、「ボンベイ」のカレーを再現してみることだった。

考えられるありとあらゆる材料を鍋に投入してみたし、あの手この手のテクニックであのカレーに迫ろうとした。でも、ダメだった。作っても作っても、味見のたびに落胆するばかり。大好きなカレーの味が、記憶の彼方に消えていくようで悲しくなった。

もう諦めよう。カレー専門店の味を再現するなんて、そもそも無理な挑戦だったんだ。僕にとって「ボンベイ」のカレーは幼い頃から食べ続けた特別な味なのであって、ただのおいしいカレーとは一線を画す存在だ。そんなものが簡単に作れるはずがない。思い出のカレーは思い出のまま残しておくほうがいい。そう頭を切り替えて以来、カレー店の味の再現という行為には意欲が持てなくなった。ところが、である。「ボンベイ」の幻影を追い求め、調理場に立って鍋を振った日々が思わぬプレゼントを残してくれた。カレー作りのテクニックである。そう、いつの間にか僕は、そこそこおいしいカレーなら作れる実力をつけていたのだった。

カレー作りの楽しみを覚えたのは、あのころだったのかもしれない。大学生だった僕は、得意になって友人を何人も集めてはカレーパーティを繰り返した。「おいしい」「おいしい」と口々に言ってもらえて僕は有

鍋を振った日々が
思わぬプレゼントを
残してくれた。

ゴクリとした瞬間、脳にビリビリと衝撃が走った。

頂天になった。東京で浮かれている僕のもとに一本の電話が入ったのは、大学2年のころだっただろうか。高校時代の同級生からだった。「ボンベイが閉店するんだって」「え!?ウソだろ!?」。電話を切った。そして、僕は、途方に暮れた。

　最愛の店が閉店した後もカレー店の食べ歩きは続いた。それは僕がもう立派なカレーファンの仲間入りをしていることの何よりの証拠だった。「ボンベイ」の味の記憶をたどる必要はない。純粋にそれぞれの店のカレーを楽しんだ。琴線に触れる味があれば、自宅で復習をする。再現ではなく、復習するのである。その店のカレーのおいしさの秘訣を自分なりに想像し、そのエッセンスを自分なりのカレー作りに取り入れる。際立つおいしさには必ず理由があるし、あふれ出る個性には何かしらのヒントが眠っていた。

　どの店を訪れてもはじめのうちは純粋にカレーを味わっているのに、食べ終わりが近づくにつれて事件の真相に迫る探偵のように、僕は難しい顔をしてそのカレーの味の秘密を推理するようになった。店の味の再現を狙っているわけではない。将来、カレー店をやろうという気持ちも全くない。純粋な好奇心である。このカレーにはどんな材料が使われているんだろうか、どうやって作られているんだろうか。目の前の皿に没頭する。それを僕はカレーに対する恋心だと認識していたが、見方を変えればストーキングに近いものだっ

たのかもしれない。

　狂ったように食べ歩きを続けていると、徐々に店と僕との間に特別な関係が生まれてくるようになる。僕はもともと人と話すのが好きだから、カレーを味わうことよりもさらに熱心に店主とよく話し込んだ。レシピを知りたかったわけじゃない。店主のカレーに対する想いや店を始めるに至った半生を聞くのが好きだった。誰一人として同じ考えを持つ人はいないし、同じ道を歩んでもいない。だからこそ、どのカレーも個性あふれる味わいを醸し出す。人柄が顔に出るとはよくいうけれど、人柄はカレーに出るんだと僕は確信した。

　始まりがあれば終わりもある。店が閉まるのは世の常だけれど、ひいきにしていたカレー店がなくなることほど悲しいことはない。それは、二度とあのカレーを食べることができないんだ、という悲しみよりも、あの店主に会えないんだ、彼の話を聞くことができないんだ、という悲しみだった。僕にとって失恋とはこのことをいう。そう、僕はずいぶんと節操のない恋多き男であり、同時に別れた恋人のことをいつまでも引きずってウジウジとする情けない男なのである。悲しみの果てに僕のもとに残るのは、店主からもらった金言の数々と、おいしかったカレーの味の記憶と、店で覚えたほんの少しのカレーテクニック。どれも大事な宝物であることは言うまでもない。

　ごく稀に別れた恋人と意外な再会を果たすこともある。あれは、7〜8年前のことだった。東京カリ〜番長という出張料理集団に所属する僕は、福岡で開催されるイベントにゲストで呼ばれ、ライブクッキングを行った。翌日、昔から一度行ってみたいと思っていたカレー店に足を運ぶことにした。「TAJ」である。かつて福岡市内で一世を風靡したが、閉店。

数年の時を経て大川市に復活を果たしていた。店主の古賀さんには会ったこともないのに何度か手紙を書いたことがあったから、この機会にご挨拶をと思ったのだ。

大通り沿いに大きな倉庫を改装したような店があった。目の前は広々とした駐車場。狭い東京で生活している僕には何もかもが規格外だった。開店直後に入り、席に座って注文を済ませる。しばらくたつと、窓ガラスの外に見える駐車場はお客さんの車でいっぱいになっていた。すごい人気だ。カレーを待つ僕の気持ちは高鳴った。複数人で訪れたからカレーは何種類も注文できた。まもなく、テーブルの上には色とりどりのカレーが入った器がずらり。贅沢な光景である。

片っ端から黙々と食べ進めている途中で、事件が起こった。サグマトンという名のほうれん草とヒツジ肉のカレーを口に運んだときである。ひと口目をもぐもぐとやって、ゴクリとした瞬間、脳にビリビリと衝撃が走った。あ、あ、あ、この味は……。なんとそのカレーは、わが最愛の店、浜松「ボンベイ」で狂ったように食べまくったスピニッチマトンの味そのものだったのである。動揺した僕は目の焦点が定まらなくなり、言葉に詰まった。どうして？　どうして「ボンベイ」の味が福岡にあるんだろう。

それから先のことはあまり詳しく思い出せない。気づいたらテーブルの上のカレーはなくなっていた。放心状態で会計を済ませる。スタッフにお願いして調理場にいる店主の古賀さんを呼んでもらった。

「はじめまして。水野です。東京から来ました。ときどきお手紙を送っている者です。カレー、おいしかったです」

古賀さんが何か言葉を返す前に僕は一気にまくしたてた。

「地元の静岡県浜松市に『ボンベイ』というカレー店があって、僕は小さいころからそこに通い続けてカレーが好きになったんですが、今日、ここ『TAJ』のサグマトンを食べたら、『ボンベイ』のスピニッチマトンと全く同じ味がしたんです！」

考えてみれば、失礼極まりない発言だった。ある店のカレーを食べ、その店主に味が別の店とそっくりだなんて、デリカシーがないにもほどがある。でも、あのときの僕にはそんなことを考える余裕はなかった。まもなく古賀さんの口から出た発言は、全く予想していないものだった。

「あ、浜松出身なんですか。『ボンベイ』の永田さんでしょ？　彼は僕が東京の『デリー』で働いていたときの先輩でね。本当にお世話になった。永田さんが地元で『ボンベイ』を始めたとき、開店から１年間、僕はお手伝いさせてもらったんです。だから、うちのサグマトンは、『ボンベイ』のスピニッチマトンと同じですよ」

ざわざわざわと全身に鳥肌が立つのがわかった。世の中にこんなことが起こっていいのだろうか。ドラマチックにもほどがある。もう一度席に戻って、サグマトンを注文しなおしたいとさえ思った。二度と会えないと思っていた恋人と、僕は福岡で再会したのだ。

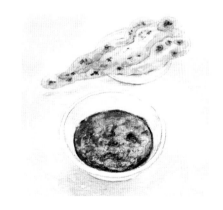

「水野さんにとって、カレーとは何ですか？」。本当によく聞かれる質問である。そのたびに僕は黙り込んでしまう。僕にはまだその答えが見つからない。でもカレーと出会い、カレーと別れた日々がこれまでの自分を育ててくれたことだけは間違いない。

水野仁輔
（みずの じんすけ）

毎月届くレシピ付きスパイスセットを販売する「AIR SPICE」の代表。
カレーに特化した出張料理集団「東京カリ〜番長」を立ち上げて以降、全国各地を訪れてライブクッキングを実施。
最新刊は『スパイスカレーを作る』（パイインターナショナル）。ほかに『カレーの教科書』（NHK出版）など、
著書は50冊以上。現在は、世界のカレーを探求するフィールドワークを行う傍ら、
カレーの世界にプレーヤーを増やすプロジェクト「カレーの学校」を運営している。
http://www.airspice.jp/

企画・進行：高橋寛行
デザイン：出渕諭史（cycledesign）
撮影：矢野宗利
スタイリング：菅野美香
編集・制作：服部啓一、大鹿一也（KWC）

水野仁輔の いまはなき名店に学ぶ！
まぼろしカレー

2020年7月1日　初版第1刷発行

著者：水野仁輔
発行人：川崎深雪
発行所：株式会社　山と溪谷社
〒101-0051　東京都千代田区神田神保町1丁目105番地　https://www.yamakei.co.jp/
■乱丁・落丁のお問合せ先：山と溪谷社自動応答サービス TEL.03-6837-5018　受付時間／10:00-12:00、13:00-17:30（土日、祝日を除く）
■内容に関するお問合せ先：山と溪谷社 TEL.03-6744-1900（代表）
■書店・取次様からのお問合せ先：山と溪谷社受注センター TEL.03-6744-1919 FAX.03-6744-1927

印刷・製本：図書印刷株式会社